호모 비아토르의
독서노트

# 호모 비아토르의
# 독서노트

讀萬卷書 行萬里路
이석연 변호사의 50년 독서, 그 생생한 기록

| 이석연 편저 |

와이즈베리
WISEBERRY

"10가구가 사는 고을에도 반드시 나만큼 성실하고 믿음을 주는 사람이 있겠지만 나처럼 배우기를 좋아하는 사람은 없을 것이다."

이는 《논어》 공야장(公冶長)에 있는 말로 배움과 학문에 대한 공자의 자부심과 자신감을 드러내는 명구(名句)입니다. 저도 공자를 흉내 내어 감히 한마디 하고자 합니다.

"어디를 가도 나보다 공부를 많이 한 사람은 있겠지만, 나처럼 책을 많이 읽은 사람은 드물 것이다."

1971년 9월, 저는 중학교를 졸업한 지 6개월 만에 고졸 학력 검정고시 전 과목에 합격했습니다. 독학이었는데, 가정형편 때문이 아니라 남과 다른 길을 가보고 싶은 마음에서 모험을 한 것입니다. '남이 가지 않는 길을 간다'는 지금까지 내 인생의 좌우명입니다.

그러나 저는 예정된 대학 진학을 미루고 그해 말에 김제 금산사에 들어갔습니다. 도 닦으러 간 것이 아니라 그대로 대학에 진학하기에는 무언가 채워지지 않은 것 같은 생각이 들어 순전히 책을 읽기 위해 간 것입니다. 그렇게 절에서 22개월을 머물면서 400여 권을 정독했습니다. 주로 세계문학, 동서양 고전, 철학, 역사서, 전기물이었습니다. 그때 읽은 "인간은 노력하는 한 방황한다"라는 《파우스트》의 키워드는 젊은 날 독서 격랑기부터 지금까지 항상 뇌리에 머물면서 저로 하여금 올바른 길을 찾아가도록 독려해 주고 있습니다.

또한 "인간은 누구나 한 번 죽는다. 어떤 죽음은 태산보다 무겁고 어떤 죽음은 새털보다도 가볍다. 그것은 죽음을 이용하는 방법이 다르기 때문이다"라고 절규했던 사마천, 바른말을 한 죄로 생식기를 절단당하는 궁형의 치욕을 감내하면서 역사에 길이 남을 《사기》를 집필했던 그의 인생역정을 생각할 때마다 제가 겪는 고민과 고충을 한없이 부끄럽게 여기곤 했습니다. 그렇게 10대 중반 소년 시절 절에서 독서로 얻은 지식과 지혜는 지금까지 제 삶의 자양분이자 자신감을 갖게 해주는 원동력이 되고 있습니다.

책을 많이 읽고 생각하는 힘을 기른 사람들은 사고가 자유롭고 하는 일에 자신감을 갖습니다. 그리고 무언가 새로운 것에 도전하는 모험심과 용기가 충일합니다. 저는 공직자, 시민운동가, 법조인의 길을 걸으면서 '항상 남이 가지 않는 길을 간다'라는 모험과 도전의 정신으로 임하였습니다. 그 과정에서 늘 책 속의 지혜와 함께했기 때문에 큰 틀에서 벗어난 적은 없었습니다. 그리고 나름대로 소신의 일관성을 지켜왔다고 자부합니다. 지금의 저를 만든 것은 8할이 독서였습니다. 이 책 역시 독서를 통한 내 삶의 풍경을 담은 사유의 한 단면입니다.

이 책은 보통의 격언집이나 명언록과는 다릅니다. 독서와 여행을 통한

제 삶의 과정에서 직접 겪고 부딪히며 고민하면서 순간적으로 뇌리에 각인되거나 여운을 남기면서 스쳐 지나간 것을 그때그때 채취한 싱싱한 활어(活魚)로 가득한 '독서노트'에서 건져 올린 것입니다. 지금도 권수를 채워가면서 써가고 있는 제 독서노트는 책을 통해 얻은 지적인 성과와 치열한 고민의 흔적을 기록한 저만의 보물창고이자 사유의 격전지라 할 수 있습니다.

이곳의 활어들은 반드시 책에서만 얻은 것은 아닙니다. 신문기사에서 얻은 것도 있고, 여행지에서 본 좋은 표어나 문구, 유적에 새겨진 명언, 심지어 비문(碑文)까지 옮겨 적기도 했습니다. 영화 대사 중에서도 기억할 만한 것을 메모했습니다. 책을 읽으면서 순간적으로 강렬한 인상을 받거나 기억하고 싶은 문장과 저의 단상을 적었습니다. 때로는 책 내용에 의문을 달기도 하고, 때로는 내용을 요약하거나 편집하기도 했습니다. 어떤 페이지에는 책과 상관없는 나만의 생각과 다짐을 오롯이 적은 곳도 있습니다.

저의 독서노트는 일정한 형태가 없고, 아무 페이지나 펼쳐서 쓰기 때문에 남이 보면 두서가 없이 보입니다. 바로 그 점이 제 독서노트의 장점이자 개성입니다. 저는 그런 종횡무진의 기록이 마음에 듭니다. 그곳에는 초원을 뛰어다니는 야생마처럼 예측할 수 없는 자유로움이 있기 때문에 리듬감이 넘칩니다. 가끔 노트를 들여다보면서 '이것은 언제 어디서 무엇 때문에 썼지?'라며 기억의 조각을 짜 맞추기도 하는데, 이런 과정이 생각의 유연성과 기민성을 길러준다는 사실을 어느 순간 깨닫게 됩니다.

몇 년 전 저는 《책, 인생을 사로잡다》라는 저서를 통해 자유롭게 이동하며 세계를 정복한 유목민의 삶에서 힌트를 얻어 이미 유목적 읽기(노마드 독서법) 방법과 기술을 소개한 바 있습니다. '끊임없이 이동하는 자만이 영원히 살아남는다'라는 유목민의 정신이 바로 저의 독서편력입니다. 건너 뛰어 읽고, 장소를 달리하여 다른 책을 읽고(겹쳐 읽기), 다시 읽고(재독), 좋은 문장 베껴 쓰고 다시 쓰고 외우기 등이 바로 노마드 독서법입니다. 따라서 이 책은 노마드 독서법의 한 유형이라고도 할 수 있습니다.

이 책에 실린 활어들은 주제별로 분류한 것이지만 그것은 독자들의 편의를 위한 것일 뿐 한 구절 한 구절에는 그 나름의 독자적인 의미와 분위기가 녹아 있습니다. 그렇기에 먼저 어느 곳을 펼쳐 읽어도 좋습니다.

독서는 모험과 낭만이라는 꿈을 향해 성실성과 결단력으로 인간 정신의 전역을 활보하고 측량하는 영혼의 고고학이자, 남들이 가지 않는 길을 찾아 떠나는 내면의 여행입니다. 우리 시대의 석학 이어령 선생은 "독서는 씨뿌리기이며, 변화이며, 행동"이라고 했습니다. 한 권의 책을 읽은 사람과 백 권의 책을 읽은 사람의 인생이 같을 수가 없습니다. 아니, 같아서도 안 됩니다. 모험과 도전, 꿈과 낭만과 용기를 찾는 정신은 내면의 여행인 독서와 온몸으로 떠나는 독서인 여행으로부터 나옵니다. 저는 독서와 여행을 통해 인간의 삶을 통찰하고 역사의 교훈을 되짚어 보려는 소박한 꿈을 죽는 날까지 멈추지 않을 것입니다.

제가 자녀들에게 물려주고 싶은 유산이 세 가지 있습니다. 초등학교 때부터 써왔던 일기, 저의 저서, 그리고 저의 독서편력을 담고 있는 독서노트입니다. 물질적 유산은 쉽게 없어지지만 정신적 유산은 제 자손으로 이어지면서 영원히 기억될 것이기 때문입니다. 이제 그 유산 중의 하나인 독서노트를 공개하면서 이 책을 펼쳐 든 독자들과 함께 내면의 여행을 떠나고자 합니다.

2015년 11월
서초동 동림각(東林閣)에서
이석연 씀

# 차례

**호모 비아토르(Homo Viator):여행하는 인간**

프랑스의 철학자 가브리엘 마르셀이 인간의 속성을 '끊임없이 옮겨 다닌다'는 의미로 쓴 말.

1부

하늘의 그물은
놓치는 것이 없다

## 1장

# 모든
# 법률가를
# 죽여라

## 모든 법률가를 죽여라

● ● ●

심판하는 일을 삼가라. 우리 모두가 죄인이다.

법은 멋지고 날카로운 궤변이다. 우리가 해야 하는 첫째 일은 모든 법률

가를 죽이는 일이다.

—셰익스피어,《헨리 6세》

## 법이 지켜지지 않는 이유

● ● ●

법이 지켜지지 않는 것은 위에서부터 어기기 때문이다.

法之不行 自上犯也

— 사마천,《사기》 상군열전

:: 약자에게만 준법을 요구하면 법치가 아니다. 강자의 횡포에 불과하다.

## 정말로 개탄할 일

• • •

정말로 개탄할 일이다. 죄 없는 어린 양을 죽여서 그 양피지에 갈겨 쓴 법률 문서로 인간을 말살하다니.

—셰익스피어,《헨리 6세》

## 법률의 속성

• • •

법률은 거미줄 같은 것이다. 큰 파리는 거미줄을 뚫고 나가고 작은 놈만 걸린다.

—발자크,《고리오 영감》

:: 이 말의 원 출처는《플루타르크 영웅전》솔론편이다. "법률은 거미줄과 같다. 약한 놈이 걸리면 꼼짝 못하지만 힘이 세고 재물을 가진 놈이 걸리면 줄을 찢고 달아나 버린다."

## 법의 파멸

· · ·

법은 은혜로 왜곡되고 힘에 의해서 파괴되며 돈에 의하여 부식된다.

— 키케로

## 예수가 본 법률가

· · ·

저주 받으리라 법률가여. 너희는 지식으로 들어가는 열쇠를 가지고 너희
자신도 들어가지 않고 들어가려는 사람까지도 막았다.

— 〈누가복음〉 11장 52절

## 법률이 늘어나는 이유

· · ·

나라가 부패하면 할수록 법률이 늘어난다.

— 타키투스

:: "법령은 늘었으나 백성의 삶은 피폐해졌다"(사마천 《사기》)라는 말도 같은 취지다.

## 아이들 놀이 같은 법률가의 법 놀이

법률가들은 법을 만들기를 좋아한다. 법을 깨뜨리는 것은 더욱 좋아한다.
마치 바닷가에서 끊임없이 모래탑을 쌓았다가 웃으며 그것을 부숴버리
며 노는 아이들처럼.

— 칼릴 지브란,《예언자》

## 법률가의 궤변과 사기술

"법률가의 능숙한 궤변과 뛰어난 사기술은 모두 어디 갔는가?"

— 셰익스피어,《햄릿》중 햄릿의 말

::영화 〈필라델피아〉를 보면 '어느 날 변호사 수천 명이 한꺼번에 물에 빠져 죽는
다면?'이라는 질문에 '좋은 세상'이라고 답하는 장면이 나온다. 법을 전문적으로
다루는 사람들에 대한 혐오감을 잘 보여주는 장면이다.

## 제대로 된 법

. . .

약한 자의 한숨과 눈물을 담아내지 못하는 법은 제대로 된 법이 아니다.

— 윌리엄 더글러스


## 불벌중책(不罰衆責)

. . .

많은 사람이 범한 잘못은 벌할 수 없다.

:: 많은 사람이 지킬 수 없는 신호는 신호 위반자를 처벌하기보다는 신호등을 철
거해야 한다.

— 신영복,《강의》


## 죄

. . .

죄를 씌우려고 마음먹으면 증거는 있는 법이다.

— 중국 속담

## 억울함

∗ ∗ ∗

무릇 범죄 사실을 심문하는 데 삼가지 않을 수 없다. 이제 죽는 마당이라 탁 털어놓는데 그동안 많은 사람을 죽였다. 그런데 숱하게 많은 사람이 나 대신 살인 누명을 쓰고 죽어가는 것을 보았다. 그들의 원한이나 원망은 하늘에까지 사무쳐 있을 것이다. 내가 지금 말하지 않는다면 누가 그들의 억울함을 풀어주겠는가.

— 안정복,《임관정요》중 명나라 신종 때 대도 주국진의 형장 진술 내용

## 법의 복수

∗ ∗ ∗

부실 시공으로 집이 무너져 집주인의 아들이 죽었다면 집을 지은 사람은 자신의 아들을 내놓아야 했다.

— 함무라비 법전

17

## 법과 상식

. . .

예로부터 내려오던 법을 바꾸고 상식을 어지럽히는 자는 죽거나 망한다.

—사마천,《사기》

## 헌법의 역할

. . .

헌법은 정치라는 위성이 운항할 수 있는 궤도를 마련해 준다. 헌법에 의해서 마련된 궤도를 이탈하는 정치는 이미 헌법적 상황이 아니다. 폭력적 상황에 다름 아니다.

—허영,《한국헌법론》

:: 대한민국 국적을 가진 시민들이 이념과 가치관을 넘어서 합의할 수 있는 기본 텍스트는 오로지 헌법밖에 없다.

## 법전보다 숭고한 정의

* * *

법전의 정의도 존중해야 하지만 그보다 모름지기 인간의 판결이 잘못될 수도 있음을 원칙적으로 인정하는 정의, 심판자들을 모욕하지 않으면서 기결수의 무죄 가능성을 인정하는 정의가 더 숭고하다. 아직 이해관계가 뒤얽힌 이전투구에 휩싸이지 않는 그대들이 아니라면 누가 정의의 간섭을 위해 일어날 것인가?

— 에밀 졸라, 〈청년에게 보내는 편지〉

## 내가 헌법을 옹호하는 이유

* * *

헌법 제정자들은 자유론 속에 무정부주의의 씨앗이, 평등론 속에는 중독의 위험이 내포되어 있다는 점을 인식하고 있었다. 보수와 진보를 가리지 않고 우리 모두는 헌법을 옹호한다.

— 오바마, 《담대한 희망》 중에서

주례(周禮, 재판관이 갖추어야 할 5가지 덕목)

...

1. 사청(辭廳) ― 진술을 끝까지 듣는다.

2. 색청(色廳) ― 상대방의 얼굴을 살핀다.

3. 기청(氣廳) ― 호흡을 살핀다(잦은 헛기침 등).

4. 이청(耳廳) ― 상대가 얼마나 진지하게 많이 듣고 있는가를 본다.

5. 목청(目廳) ― 상대의 눈동자를 살핀다(눈을 보면 사람을 읽을 수 있다).

## 불의와 정의

...

불의가 어느 한 곳(anywhere)에라도 있다면 정의는 어디서나
(everywhere) 위협 받는다.

― 마틴 루터 킹

## 정의의 실현

· · ·

피해를 입지 않은 자가 피해를 입은 자와 똑같이 분노할 때 정의가 실현된다.

— 솔론(그리스 시인 · 입법자)

## 지혜로운 자와 어리석은 자

· · ·

지혜로운 자는 법을 만들고 어리석은 자는 법에 구속되는 법이다.

— 상앙

## 영원한 질병

· · ·

법이니 제도니 하는 따위는 영원한 질병처럼 계속 유전되어 이성이 불합리로, 선행이 고난으로 변해서 자네가 그 후손으로 태어난 것이 슬프도다.

— 괴테,《파우스트》

## 정의의 이름으로 벌하고자 한다면

. . .

살해당한 자 자기의 살해당함에 책임 없지 않다.

도둑맞은 자 자기의 도둑맞음에 잘못 없지 않다.

정의로운 자 사악한 행위 앞에서 완전 결백할 수는 없다.

정직한 자 중죄인의 행위 앞에서 완전히 깨끗한 것은 아니다.

죄인이란 때로 피해자의 희생물, 죄인이란 죄 없는 자의 짐을 지고 가는
자인 것을. 그대들은 결코 부정한 자를 사악한 자와 선한 자로 가를 수는
없다.

그대들 중 누군가 정의의 이름으로 벌하고자 악의 나무에 도끼를 대려
한다면 그로 하여금 그 나무의 뿌리 또한 살펴보게 하라. 그러면 그는 진
실로 선과 악의 뿌리, 열매 맺는 것과 맺지 못하는 것의 뿌리란 대지의 말
없는 가슴 속에 함께 뒤엉켜 있음을 알게 되리라.

— 칼릴 지브란, 《예언자》

## 미덕과 공동선의 추구

....

정의로운 사회는 행복을 극대화 한다거나 선택의 자유를 존중하는 것만
으로는 만들 수 없다. 무엇보다도 좋은 삶의 의미를 함께 고민하고 그 과
정에서 필연적으로 생기게 마련인 다름과 차이를 존중하고 이를 받아들
이는 문화를 가꾸어 나가는 데서 이루어진다.

— 마이클 샌델, 《정의란 무엇인가》의 결론

## 정의로운 사회로 나가는 첫 단계

....

현재 민주 사회에서 사람들은 경제나 정치가 다루지 못하고 있는 도덕
이나 윤리와 같은 가치들에 갈증을 느끼고 있다. 따라서 윤리적·도덕적
가치로 경쟁할 수 있는 사회, 의견 불일치를 받아들일 수 있는 사회를 만
드는 것이 정의로운 사회로 나가는 첫 단계이다. 도덕성이 살아야 정의
도 살 수 있으며 무너진 원칙도 바로 세울 수가 있다.

— 마이클 샌델, 《왜 도덕인가》

23

## "하늘이 무너져도 정의를 세워라"의 출전, 또는 어원

• • •

이집트 신화에서 심판의 여신인 네이트가 "오시리스의 아들 호루스가
왕위를 계승하지 않으면 정의에 반하는 것으로 하늘이 무너져 내릴 것이
다"라고 한 말에서 유래되었다.

— 저자 메모

## 평등 의식은 영원한 유혹

• • •

인간의 맹점 중 하나가 평등 의식인데 이를 자극해 정치에 이용하려는
것은 영원한 유혹이다. 위정자들이 본질과 다른, 그러나 그럴듯하고 멋있
어 보이는 말과 정책으로 승부를 하여 세상이 이렇게 되었다.

— 이문열

## 공정한 법

● ● ●

국민이 부자가 되기 위해선 법이 공정해야 하네.

— 유스프(13세기 투르크 시인)

## 법체계와 비극적인 사건

● ● ●

이 비극적인 사건을 돌아보고 이 사건이 주는 역사적 교훈을 거울삼아 편견과 두려움, 증오의 세력이 우리의 법체계가 간절히 열망하는 이성과 지혜, 공정함을 압도하는 일이 다시는 재발하지 않도록 결의를 다질 것을 촉구한다.

— 듀카키스(전 매사추세츠 주지사), 사코와 반체티 처형 50주년에

## 도둑과 법

· · ·

도둑은 법령이 치밀하게 정비될수록 더 많아진다.

—노자

:: 무수한 법 때문에 얼마나 많은 비법이 자행되고 있는지를 우리는 기억해야 한다.


## 부디 나를 심판할 때에는

· · ·

"부디 나를 심판할 때에는 당신이 받고 싶은 그 방법으로 심판해 주시기를."

— 일본 영화 〈그래도 내가 하지 않았어!〉 중에서

:: 형사재판은 진실을 밝혀주는 것이 아니라 검사와 변호인이 찾아낸 증거를 판단

해서 유무죄를 가려 주는 것에 불과하다.


## 사불범정(邪不犯正)

· · ·

바르지 못한 것은 바른 것을 벌하지 못한다는 뜻이다.

## 범죄의 흔적

* * *

모든 범죄는 흔적을 남긴다.

— 에드몽 로카르(프랑스 법의학자)

:: 범인은 피해자의 흔적을 가져가고 범죄 현장과 피해자에게는 범인의 흔적이 남는다.
완전범죄는 없다.

## 도구로서의 법

* * *

법이 통치의 수단이나 도구가 되긴 하지만 인간의 선악과 공직의 청탁을
가늠하거나 결정하는 근본적인 도구는 될 수 없다.

— 사마천, 《사기》

## 예와 법의 차이

∙∙∙

예(禮)란 어떤 일이 발생하기 전에 막는 것이고, 법이란 사건이 발생한
다음에 적용하는 것이다. 그래서 법은 적용한 효과를 쉽게 보이는 반면
예는 예방한 효력을 알기 어려운 것이다.

— 사마천, 《사기》 태사공자서

## 전쟁과 법

∙∙∙

전시 중에 법은 침묵한다.

—스탠튼

:: 링컨 암살 당시 전쟁부 장관인 스탠튼이, 링컨 암살 혐의로 존 서랏의 어머니인
메리 서랏을 교수형에 처하면서 한 말이다.

## 유전무죄, 무전유죄

∙∙∙

천금을 가진 부잣집 아들은 저잣거리에서 죽지 않는다.

— 사마천,《사기》 화식열전

한무제 시대에는 50만 전을 내면 사형수가 면죄되었다.

— 반고,《한서》

우리나라 고교생의 94퍼센트가 권력과 돈이 재판에 영향을 미친다고 대답했다.

— 법률소비자연맹, 2012년 여론조사.

## 변호사와 도둑

∙∙∙

서류 가방을 든 변호사 한 명이 총을 든 100명보다 더 많은 돈을 훔친다.

— 마리아 푸조,《대부》

## 내가 법을 만드는 이유

...

내가 법을 만드는 것은 법을 위반하는 것보다 지키는 것이 유리하다는
것을 가르쳐주기 위해서다.

—솔론

## 하늘의 그물

...

하늘의 그물은 넓고도 성기지만 놓치는 것은 하나도 없다.

天網恢恢 疏而不漏

— 노자

:: 죗값은 반드시 치르게 된다. 지난 2007년 대선 막바지에 BBK 사건 관계자들을
기소하면서 검찰이 공소장에 적어 넣은 말이기도 하다.

2장

# 역사는 그렇게
# 자유를 키워왔나니

## 처마 밑의 참새 꼴

•••

"오대주 사람들이 다 조선이 위태롭다 하는데 조선인들만 절박한 재앙을 알지 못하니 집에 불이 난지도 모르고 재재거리는 처마 밑 제비나 참새 꼴과 무엇이 다르겠소."

— 황준헌(1880년 당시 중국 청나라 외교관)

:: 연작처당(燕雀處堂: '처마 밑에 사는 제비와 참새'라는 뜻으로, 편안한 생활에 젖어 위험이 다가오는 줄도 모르고 조금도 경각심을 갖지 않는다는 뜻.

## 학대받는 자의 승리

•••

인간의 역사는 학대받는 자의 승리를 참을성 있게 기다린다.

— 타고르

## 역사의 계산서

. . .

역사는 종종 한 사건에 대한 계산서를 나중에 발행하기도 한다. 그러나
나중이 되면 반드시 이자에 이자를 물어 그 역사적 사건에 대한 대가를
청구하는 법이다.

— 클라우스 리히터, 《실크로드 견문록》

## 역사의 본질

. . .

한 사람의 잘못을 모든 사람이 물어야 하고 한 시대의 실패를 다음 세대
가 회복할 책임을 지는 것, 그것이 역사다.

— 함석헌, 《뜻으로 본 한국 역사》

## 역사의 큰 물줄기

. . .

큰 물줄기의 흐름은 지류의 변화에 구애받지 않지만 지류가 오염되면 큰
물줄기 전체가 오염될 수 있다. 역사의 큰 물줄기를 잡아가되 우리 사회
의 지류를 형성하고 있는 작은 물소리에도 귀를 기울여야 한다.

— 《춘추》

## 역사의 재미

. . .

역사의 재미는 읽는 사람이 상상력을 발휘해야만 맛볼 수 있다.

— 저자 메모

## 현명한 사람과 어리석은 사람

. . .

현명한 사람은 역사에서 배우지만 어리석은 사람은 자기 경험만 믿는다.

— 토인비

## 신의 보복

...

신은 인간의 오만에 대해서 보복할 것이라는 것을 믿었다.

— 헤로도토스

## 흉노 제국이 부흥한 이유

...

흉노 제국이 오랜 기간 한나라와 맞서며 몇 번의 시련을 겪고도 다시 궐기할 수 있었던 이유는 외부 세계를 관대하게 수용하는 넓은 가슴이 있었고, 개방성이 뛰어났기 때문이다.

— 장진퀘이, 《흉노 제국 이야기》

## 역사를 알면

...

역사를 알면 한 뼘 땅에서도 숨은 사연을 찾아내는 행복감에 젖어볼 수 있다.

— 신봉승

## 로마의 진정한 유산

...

민족이 다르고 종교가 다르고 인종이 다른 상대를 포용하여 자신에게 동
화시켜버린 그들의 개방성이 바로 로마가 후세에 남긴 진정한 유산이다.
그리고 로마가 융성할 수 있었던 요인이다.

— 에드워드 기번

## 유럽 근대 과학과 아라비아숫자

...

유럽 근대 과학의 발전은 이슬람의 아라비아숫자 없이는 성립할 수 없다
고 해도 지나친 말이 아니다.

정수일, 《실크로드 문명 기행》

## 역사의 어머니

. . .

상상력은 시의 어머니이기도 하지만 역사의 어머니이기도 하다.

— 테오도르 몸젠

## 조선 역사상 2천 년래 일대 사건

. . .

장수왕의 평양 천도(서기 427년, 장수왕 15년)는 고구려 역사의 주무대를 만주 대륙에서 한반도로 끌어들였다. 그런 점에서 평양 천도는 조선 역사상 2천 년래 일대 사건이다.

고구려의 주무대는 주몽이 북부여에서 내려온 이래 전통적으로 만주였으며, 중국 한족과 북방민족과의 투쟁의 역사가 곧 고구려의 역사였다. 그런 고구려의 무대가 장수왕의 평양 천도로 그 투쟁의 주대상이 백제와 신라로 변하면서 한반도라는 좁은 지역으로 축소된 것이다.

— 이덕일, 《고구려는 천자의 제국이었다》

## 역사의 수레바퀴

• • •

역사의 수레바퀴를 막을 자는 아무도 없다지만 그 역사의 수레바퀴 방향
을 움직이는 핸들은 사람이 쥐고 있다. 역사의 수레바퀴는 천리(天理)라
는 것이요, 그 행동은 민심이라는 것이다.

— 조지훈

## 징비록의 교훈

• • •

한 사람이 정세를 잘못 판단하면 천하의 일을 그르칠 수 있다.
한 나라의 최고 지도자가 국방을 다룰 줄 모르면 나라를 적에게 넘겨주
는 것과 같다.
전쟁 같은 큰 일이 닥칠 때에는 반드시 나라를 도와줄 만한 후원국이 있
어야 한다.

— 유성룡,《징비록》

## 노자의 의미

● ● ●

노자는 한마디로 민중의 저항 문서다. 기존의 모든 가치에 대해 저항하고 이를 전복시킨다. 중국은 항상 민란을 계기로 지배 세력이 교체되었다. 민중은 "지금의 도는 도가 아니다"라고 외친다. "오늘날 너의 덕은 덕이 아니라 위선이다"라고 외치는 도경 1장과 덕경(세상의 덕인은 덕이 없다고 부정한다) 1장은 이것을 말하는 것이다. 바로 무지한 자들(민중)의 혁명선언이다.

그래서 노자는 최초의 민중의 난인 황건의 난의 성전이 될 수 있었던 것이다.

— 기세춘,《노자 강의》

## 로마제국의 멸망

● ● ●

생선은 머리부터 썩는다지만 로마제국도 머리부터 먼저 썩어들기 시작했다.

— 시오노 나나미

## 중국의 역사책

* * *

중국의 역사책들은 한인 귀족을 우대했던 동위, 북제가 인재도 많았고
물자도 풍부했다고 기록하면서 이들의 멸망을 못내 아쉬워하고 있다. 그
러나 백성의 눈물도 닦아주지 못하는 사회에서 대학이 수천 개이고 부유
층만 출입하는 백화점이 수백 개인들 무슨 의미가 있겠는가?
미래의 확신을 주지 못하는 제국은 사망한 제국이나 다름없다.

— 박원길,《유라시아 대륙에 피어났던 야망의 바람》

## 전쟁의 의미

* * *

전쟁은 인간이 여러 난제를 한꺼번에 해결하려 할 때 떠오르는 명제다.

— 시오노 나나미,《십자군 이야기》중 교황 우르바누스2세의 생각

## 역사에서 행복한 장면

. . .

역사에 행복한 페이지는 그리 많지 않으며 그 행복한 페이지는 공백이다.

— 헤겔

## 역사는 자유를 어떻게 키우는가

. . .

물로 쓰인 비극은 없다.

그것은 오직 피와 눈물로 쓰일 뿐.

미덕을 가슴에 품은 자들은 인간성에 대항하는 독재자의 법을 거부하노니

역사는 그렇게 자유를 키워왔나니.

— 소포클레스, 비극 〈안티고네〉 중에서

## 만국의 노동자들에게

...

프롤레타리아들은 공산주의 혁명에서 자신들을 묶고 있는 족쇄 외에는
잃을 게 없다. 그들에게는 얻어야 할 세계가 있다. 만국의 노동자들이여,
단결하라.

— 칼 마르크스 · 엥겔스, 〈공산당 선언〉 마지막 구절

## 속기의 역사

...

키케로는 대부분의 서신을 자신의 비서이자 친구인 티로에게 받아쓰게
했다. 키케로는 늘 가만있지 못하고 왔다 갔다 하며 서신에 쓸 내용을 낭
독했다. 게다가 엄청나게 빠른 속도로 서신을 읊어 내려가는 통에 글쓰
기에 능한 티로가 속기체를 개발해야 할 정도였다. 티로는 이후 키케로
의 연설도 받아쓸 정도였다. 훗날 라틴어 속기술이 티로의 이름을 따서
'notae tironanoe'(영어로 Tironian notes)라고 불렀다.

— 이바르 리스너, 《로마 황제의 발견》

## 한 일본인이 조선에 보낸 충고

• • •

피곤에 지쳐 있는 조선이여, 남의 흉내를 내느니보다 자신이 지니고 있는 소중한 것을 잃지 않는다면 머지않아 자신에 찬 날이 오게 된 것이다. 이는 공예의 길에만 국한된 것이 아니다.

— 이사카와 다쿠미((浅川巧, 일제강점기의 친한파 일본 관리)

## 페르시아인들의 역사적 선택

• • •

페르시아인들은 그의 말이 옳음을 인정하고 물러났고 자신들의 견해가 키루스 대왕의 견해보다 못하자 평야를 경작하며 남의 노예가 되느니 척박한 땅에 살며 지배자가 되기를 선택했던 것이다.

— 헤로도토스,《역사》의 마지막 문장

## 사마천의 역사 연구 방법

• • •

1. 하늘과 인간의 관계를 탐구한다.
2. 과거와 현재의 변화를 꿰뚫어본다.
3. 지난날을 서술하여 다가올 일을 생각한다.
4. 일가(一家)의 문장을 이룬다.

— 사마천, 〈임안에게 보내는 편지〉

## 로마는 왜 멸망했냐고 묻기보다

• • •

로마는 왜 멸망했냐고 묻기보다 어떻게 그토록 오랫동안 존속할 수 있었
는가를 물어야 한다.

— 에드워드 기번

:: 로마의 쇠퇴는 위대한 문명의 종착지로서 지극히 당연하고 불가피한 결과였다.

## 역사에서 배운다

• • • •

'역사에서 배운다'라는 말은 멋지기는 하지만 정작 배우는 사람은 아무
도 없는 것 같다.

— 조정래, 《정글만리》

## 국가 존망의 원인

• • • •

"자고로 흥하고 망한 나라를 살펴보아라. 모든 원인은 당시에 어진 신하
를 기용했느냐 아니면 간신을 기용했느냐에서 판가름 났다."

— 《열국지》의 마지막 구절

:: 결국 역사는 사람의 손에 의하여 만들어지고, 그런 의미에서 인사가 만사라는
것이다.

## 《징비록》에 적힌 기막힌 일들

• • •

함경도 회령부의 아전인 국경인은 그곳에 온 선조의 두 왕자 임해군과
순화군을 포박하여 왜장 가토 기요마사에게 데려가 항복했다.

선조가 경기 파주 교하읍을 지날 때 백성들이 어가를 보고 "국가가 우리
를 버리고 떠나니 우리는 무엇을 믿고 살아야 합니까?"라고 통곡했다.

선조는 북쪽으로 피난하면서 임진강가 화석정 정자를 불태워 그 불빛으
로 강북 쪽을 밝혀 길을 건넜다(적군이 정자 재목으로 뗏목을 만들어 건
너지 못하기 위해서였다는 주장).
이때 파주 동파역에서 파주 목사 허진과 장단부사 구효연이 임금께 드릴
음식을 준비하는데 종일 굶주린 호위병들이 부엌에 마구 뛰어들어 빼앗
아 먹는 바람에 음식이 동이 나자 두 사람은 겁이 나서 달아나는가 하면,
5월 초하룻날이 어두워진 후 임금이 개성으로 떠나려고 하자 이속과 군
졸들이 모두 달아나 호위할 사람이 없었다.

5월 2일 수상 이산해가 파직되고 도체찰사였던 내(유성룡)가 수상이 되었으나 그날 저녁 바로 나랏일을 그르쳤다는 죄로 파면되고 최흥원, 윤두수, 유홍 등이 영·좌·우의정이 되었다.

왜군 침입 후 첫 승전을 올렸던 부원수 신각은 도원수 김원명이 자신을 따라 도피하지 않았다면서 명령불복종죄로 몰아 우의정 유홍의 주청으로 참형되었다. 신각이 전투에서 이겼다는 보고가 올라오자 조정에서 참형을 중지시키려고 선전관을 보냈으나 이미 집행한 후였다.

— 유성룡,《징비록》에서

## 장정과 알프스 원정

마오쩌둥의 장정과 비교하면 한니발의 알프스 원정은 주말 소풍에 지나지 않는다.

— 애드가 스노우,《중국의 붉은 별》

## 동방예의지국

• • •

동방예의지국이라는 말 자체가 본래 수치스러운 말이다. 천하에 자랑할
만한 것이 못 된다. 이 말은 중국인들이 오랑캐 중에서 이러한 것들이 있
는 것을 가상히 여겨 예의지방이라 칭찬한 데 지나지 않는다.

— 박규수

## 도자기 전쟁

• • •

일본인은 임진왜란을 도자기 전쟁이라고 부른다. 일본으로서는 임진왜
란을 도자 기술의 원천을 확보한 의미 있는 전쟁이었다. 일본에 끌려간
조선 도공들은 파격적인 대우에 감격했다. 몰래 돌아와 식솔을 데리고
다시 일본으로 가는 경우까지 있었다. 고금동서를 막론하고 우리만큼 철
저히 소외되고 고통스런 삶을 영위했던 도공들은 일찍이 없었다.

일본은 이렇게 자기 기술을 획득했다. 전쟁을 통한 최첨단 기술의 확보였
다. 원천 기술의 확보는 일본의 산업 역량을 근본적으로 바꾸어 놓았다. 네

딜란드 동인도 회사는 명청 왕조가 바뀌면서 중국으로부터 도자기 수입이 불가능해지자 그 수입선을 일본으로 바꾸었다. 일본은 마치 준비하고 있었다는 듯이 1651년 이마리에서 최초로 도자기를 수출한다. 이를 계기로 일본은 훗날 산업화와 근대화에 필요한 본원적 자본을 형성하게 되었다. 조선 도공의 기술이 국제무역 구조와 정치 질서 재편의 동력을 제공한 것이다.

— 이기영,《나, 깨진 청자를 품다》

## 넬슨과 이순신

* * *

"불초 이 도고를 이순신에 견주어 칭찬해 주는 건 고맙다. 하지만 넬슨이라면 모를까 이순신에 비하면 일개 부사관에도 미치지 못한다."

— 도고 헤이하치로

:: 러일전쟁에서 러시아 극동함대와 발틱 함대를 전멸시키고 일본의 영웅으로 떠오른 도고 헤이하치로가 승전 축하연에서 한 말이다.

## 고대 문명에서 배우는 것

• • •

"5000년 전 고대 문명에서 인간이 배울 수 있는 것은 겸손뿐이다."

— 어느 고고학자, 고대 이집트 문명에 대해

:: 카이로를 비롯한 곳곳에서 나일의 범람을 예측하던 측량술과 천문학, 관개 기술
을 보면 역사는 반드시 앞으로만 나아가지 않는다는 사실을 느끼게 된다.

## 역사를 망각하는 자

• • •

역사를 망각하는 자는 영혼에 병이 든다.

— 빌리 브란트(Willy Brandt, 독일 정치가, 노벨평화상 수상)

:: 서양의 경우 위대한 정치가일수록 역사적 지식이 해박할 뿐만 아니라 그 자신
이 한 역사가임을 알 수 있다. 예를 들어 처칠은 세계대전사를 저술했다.

## 역사의 교훈을 배우지 못한 나라의 운명

● ● ●

중국 남송은 역사의 교훈으로부터 배우지 못했다. 전에 북송은 거란족인
요의 압박을 받자 자력으로 대응하지 않고 요의 후방에 있던 여진족인
금과 연합해서 요를 멸망시켰다. 그렇지만 과거에 동맹국이었던 금에게
결국 쫓겨났다.

그런데 남송은 금에 대해서도 마찬가지로 북방의 초원에서 일어난 몽골
과 동맹했다. 그리고 금을 쓰러뜨리는 데 성공을 거두었지만 마치 판박이
처럼 지난날 동맹자였던 몽골에게서 일어난 원에 의해 멸망당하고 만다.

— 진순신(타이완 출신의 일본 역사소설 작가)

## 인류의 진보

● ● ●

고고학적 유물과 인정받은 사료, 고문서를 선입견 없이 추적하면 인류가 꾸
준히 진보했다는 기존 견해는 반드시 수정되어야 한다는 확신을 얻게 된다.

— 헤르만 빌트(독일의 고고학자)

51

## 인간으로서의 겸양을 배우려면

. . .

인간으로서의 겸양을 배워야 한다면 굳이 하늘의 별을 쳐다볼 필요는 없
다. 우리보다 수천 년 앞서 존재했던, 그러나 이제는 사라져버린 수많은
문화 세계로 눈을 돌리면 족하다.

— C. W. 체람

## 전쟁을 결정하는 자

. . .

싸움터에 나가지 않는 나이 먹은 사람들이 전쟁을 쉽게 결정해서 젊은이
들을 죽게 만든다. 전장에는 40대 이상의 사람만 가라.

— 찰리 채플린

## 아쉬운 조선 청년의 외국 문물과의 교류

● ● ●

1653년 네덜란드의 하멜 일행이 제주도에 표착하여 서울로 압송, 여수, 순천, 남원 등지의 병영에 감금된 채 십수 년을 살았지만 조선 젊은이들과의 교류는 전혀 없었다.

또한 고종 22년(1885년)에는 영국 해군이 거문도를 2년 동안이나 강제 점거했는데, 조선과는 아무 왕래도 교역도 없었다. 이때 거문도에 스며들어 영국인과 사귄다거나 선진 문물을 배우기 위해 영국에 유학을 가고자 한 조선 청년들은 왜 없었을까?

반대로 1854년 페리 제독의 함선이 영사 업무를 지원하기 위해 일본의 이즈반도 남단의 시모타 항에 70일간 머무를 때 요시다 쇼인은 제자인 가네코 시게노스케와 함께 작은 나룻배로 폭풍우 속을 저어 미국 군함에 올라가 미국으로 데려다줄 것을 요구하였으나 거절당했다.

— 신봉승

## 지난 1000년을 만든 세계인 100명 중 동양인

· · ·

1997년 미국 〈라이프〉지는 지난 1000년을 만든 세계인 100명을 순위별로 골랐는데 11명밖에 안 되는 동양인 가운데 내로라하는 위인들을 다 제치고 단연 앞 순위(14위)에 오른 사람은 뜻밖에도 중국 명나라 영락제 때의 정화(鄭和)였다.

— 정수일, 《실크로드 문명 기행》

## 평생 할 일을 단숨에 끝낸 사건

· · ·

평생 할 일을 단숨에 끝냈다. 죽을 곳에서 살기를 도모하면 대장부가 아니다. 삼한 땅에 태어나 만방에 명성을 드높였다. 백년을 사는 이 없는 법, 한 번 죽음으로 천 년을 살 사람이다.

— 위안스카이, 안중근의 의거를 찬양하면서

## 역사란 무엇인가

. . .

역사는 역사가와 역사적 사실 간의 지속적인 상호작용의 과정이자 현재
와 과거의 끊임없는 대화다.

— E. H. 카

## 치욕의 역사

. . .

치욕의 역사라고 해서 보려 하지 않거나 잊으려고 할 때 역사가 주는 교
훈마저 잊어버릴 수 있다. 자신의 과거를 상실한 국가는 서서히 자기 자
신마저도 상실해 가는 것이다.

— 밀란 쿤데라(체코 작가)

## 르네상스 시대를 연 책 사냥꾼의 명언

• • •

책이 우리의 마음을 이 모든 고난으로부터 벗어나게 해주고 많은 사람이
열망하는 것을 경멸하는 법을 가르쳐줄 것이다.

— 포조 브라치올리니(르네상스 시대의 책 사냥꾼)

:: 포조 브라치올리니(Poggio Bracciolini)는 그리스·로마의 고전을 발굴하
   고 필사하여 메디치 가문에 바침으로써 르네상스의 밑받침이 되었다.

## 고조선의 국경

• • •

사마천은 《사기》 진시황본기에서 고조선과 중국이 국경을 접했던 고대
의 요동은 지금의 요동이 아니고 난하 유역의 갈석산 지역임을 분명하게
밝히고 있다. 고조선 말기의 서한 초에는 고조선의 서쪽 국경이 오히려
더 서쪽 지역으로 이동했다. 고조선의 서쪽 국경을 분명하게 확인할 수
있는 사료는 《사기》 진시황본기를 비롯한 여러 기록이 있다.

— 윤내현(역사학자)

## 일본 천황은 백제인의 후손

....

나 자신으로서는 간무천황의 생모가 백제 무령왕의 자손이라고《속일본
기》에서 기록되어 있기 때문에 한국과의 혈연을 느끼고 있습니다.

— 일본 아키히토 천황, 제68회 생일 기념 기자회견에서

## 한국인과 일본인

....

아랍인과 유대인의 경우처럼 한국인과 일본인은 같은 피를 나누었으면
서 오랜 시간 서로에 대한 적의를 키워왔다. 한국인과 일본인은 수긍하
기 힘들겠지만 성장기를 함께 보낸 쌍둥이 형제와도 같다. 동아시아의
정치적 미래는 양국이 고대에 쌓았던 유대를 성공적으로 재발견할 수 있
는가에 달려 있다고 해도 과언이 아니다.

— 제레드 다이아몬드,《총, 균, 쇠》

## 문자의 통일

* * *

각기 다른 말을 사용하지만 하나의 문자로 통일할 수 있다는 것은 서양인으로
서는 상상하기 어려운 일이었다. 그러나 2000년 전부터 중국에서는 그것이 현
실이었다. 베이징에서 사용하는 중국어와 광둥성에서 사용하는 중국어는 영
어와 독일어만큼이나 차이가 크다. 그러나 두 지방에서는 같은 문자를 사용한
다. 하나의 텍스트를 놓고 서로 읽는 것은 틀리지만 쓰고 이해하는 것은 같다.
진시황은 한자를 통일함으로써 이 일을 해냈다.

— 클라우스 리히터, 《실크로드 견문록》

## 행동파 영웅들

* * *

우리는 행동파 영웅들에게 익숙하다. 행동파 영웅이란 대개 좋은 목적이
든 나쁜 목적이든 폭력을 행사하는 사람이다. 그런 영웅들이 바로 역사
를 만든 사람이다. 그것이 바로 학교에서 가르치는 역사다.

— 마이클 우드, 《인도 이야기》

## 고대 인도 학자의 업적

● ● ●

인도 굽타 왕조 시대 천문학자이자 수학자인 아리아바타는 0의 개념을 만들어내고 지구가 자체적인 축을 중심으로 태양 주위를 돈다는 사실을 증명했다. 서구에서 코페르니쿠스와 갈릴레오가 이 같은 사실을 상세히 밝혀내기 1,000년 전의 일이었다.

— 마이클 우드,《인도 이야기》

## 일본 근대화의 원동력

● ● ●

일본 근대화의 동인이 된 메이지유신이 1854년 미국의 동인도함대 사령관인 페리제독에 의해서 불붙기 시작한 지 불과 15년 만인 1868년에 소위 메이지 개원이라고 불리는 새로운 시대, 새로운 나라를 열어갈 수 있었던 것은 나이 든 정치가의 경륜에 의해서가 아니라 20대의 피 끓는 젊은이들의 물불을 가리지 않는 투혼과 역정에 의해 이루어졌다.

저자 단상

## 이집트와 그리스 로마 문명의 유사성

• • •

파르테논 신전보다 1000년이나 앞서 세워졌던 룩소르(테베)의 카르낙
신전과 열주(아몬신전)의 양식은 파르테논 신전과 그대로 닮았다.

서구 문명의 뿌리를 그리스와 로마에 두고 검은 아프리카의 이집트와 동
양의 오리엔트 문명과의 단절을 시도했던 유럽인들의 오만이 너무나 적
나라하게 드러나 있음을 본다.

이집트와 그리스 로마 문명 사이에는 단순한 형태나 양식의 영향만이 나
타나는 것은 아니다. 미라와 파라오의 부활 사상은 그리스 디오니소스 신
앙으로 연결되어 기독교 부활 개념의 근원이 되었다. 또한 이집트의 많은
신들이 이름을 바꾸고 옷을 갈아입고 그리스 로마 신으로 둔갑한다.

그리스의 파르테논 신전은 유네스코 지정 세계문화유산 1호다. 하지만
테베의 카르낙 신전의 의의와 존재를 아는 사람은 많지 않다.

— 이희수 외,《이슬람》

## 미국과 중국의 화해

● ● ● ●

우리는 수십 년간 바다를 사이에 두고 원수처럼 지냈다. 원수 집안이 아
니면 머리를 맞대고 의논할 일도 없다. 원래 싸우다 지치면 친구가 되는
법이다. 서로를 위해 건배하자. 이제 나는 술을 못 마신다. 군자의 사귐은
담백하기가 물과 같다는 말이 있다. 술이 없지만 물이 있다. 물로 술을 대
신하자.

— 마오쩌둥, 미국 닉슨 전 대통령 방중 시(1976년 2월)

## 역사서를 읽는 방법

● ● ● ●

역사서를 읽을 때에는 문자와 문자 사이, 문장과 문장 사이에 담겨 있는
뜻을 읽을 수 있어야 한다. 역사서가 다른 사람의 입을 빌어 전하고자 했
던 것이 무엇이었는가를 읽어내는 것이 중요하다.

— 윤내현

## 거대한 풍랑 속에서 발전한 인류 사회

● ● ●

거센 풍랑을 두려워해서는 안 된다. 인류 사회는 거대한 풍랑 속에서 발
전했다.

— 마오쩌둥, 73세 때 무한의 장강을 헤엄쳐 건너며 한 말

## 3장

# 천하 백성들의 즐거움을
# 낙으로 삼고

## 간디가 꿈꾼 사회

● ● ●

간디가 꿈꾸는 사회는 모두가 똑같이 되는 사회가 아니라 개인을 존중하고 다양한 사회체제를 유지함으로써 이루어지는 것이었다. 같은 맥락에서 그는 인도의 신분제도를 옹호했다.

— 마크 톰슨, 《인도에는 간디가 없다》

## 탕평책

● ● ●

모든 정책 문제를 이념의 문제에서 접근하지 말고 과학적 분석, 객관적 평가의 관점에서 다루는 정책 탕평책을 써야 한다. 정책 탕평책을 쓰면 불필요한 사회 분열, 이념 분열을 줄일 수 있다.

— 박세일

## 정부의 역할 확대

. . .

20세기 100년 동안 전쟁으로 인해 사망한 사람의 수는 4,000만 명 정도이다. 반면에 정부의 실정으로 인해 죽임을 당한 사람의 수는 최소 1억 7,000만에서 3억 4,000만 명에 달한다.
이런 통계에도 불구하고 우리가 정부의 역할 확대에 그토록 관대할 수가 있을까?

— 공병호

## 진정한 진보

. . .

진정한 진보는 생존의 무능력 상태로 올라가는 것이 아니라 삶의 질을 높임으로써 달성된다.

— 로렌스 피터 외,《피터의 원리》

## 법치와 사유재산권

∙ ∙ ∙

미국의 반독점 정책은 성공과 혁신을 처벌하는 경향이 있고 소비자에게
주는 혜택이 분명하지 않다. 법치와 사유재산권이 경제 성장에서 민주주
의보다 훨씬 중요한 역할을 한다.

— 로버트 베로(하버드대 석좌교수)

## 사회주의자

∙ ∙ ∙

지성의 사다리를 올라갈수록 사람들은 사회주의자가 되기 쉽다.

— 하이에크

## 쇠퇴하는 나라의 공통점

∙ ∙ ∙

미래가 아닌 과거를 바라보는 것이 쇠퇴하는 나라의 공통점이다.

—찰스 킨들버거, 《경제 강대국 흥망사》

## 통치 철학으로서의 진보주의

● ● ●

미국에는 진보주의자들이 많이 있다. 그러나 통치 철학으로서의 진보주의는 죽었다.

미국 진보주의의 성공은 현안 문제를 해결할 수 있는 진보주의 능력이 바탕이 되었다. 뉴딜 정책은 대공황을 타파했을 뿐만 아니라 행동주의 정부로 가는 기반을 창출했다.

상식과 합리가 사라지고 권위가 무너지면 군중의 광기가 판을 친다. 거기에 올라타는 정치 세력이 반드시 생긴다. 지식인들은 그것을 막아야 한다.

— 〈월간조선〉(2006년 2월), 〈문화혁명 참혹 설명〉

## 혁명의 의미

● ● ●

혁명을 하고도 여전히 국민이 가난하고 불행하다면 그것은 혁명이 아니다.

— 호치민

67

## 한국 자유주의 이념의 뿌리

. . .

한국 자유주의 이념의 뿌리는 개화사상에 있다. 더 나아가 최한기 등의
예에서 보듯이 실학사상에서 비롯된 것이다.

— 남시욱

:: 한국에서 절대군주 시대인 개화기에는 자유민주주의 이념이 보수 사상이 아닌
   진보 사상이었다. 1920년대 사회주의 사상 도입 후 보수 사상이 되었다.

## 한국의 민주주의

. . .

한국인들은 제국주의 식민지 지배에서 벗어나 다른 나라에 종속되지 않
고 독자적으로 경제 발전을 이루면서 동시에 독재 정권에 항거하여 평화
적인 방법으로 민주주의를 이룩해 냈다.

— 경향신문 특별취재팀, 《우리도 몰랐던 한국의 힘》에서 노암 촘스키의 말

1부
하늘의 그물은
놓치는 것이 없다

## 혁명과 노예

• • •

나는 혁명 이전에는 내가 노예 노릇을 한 것 같은데 혁명이 일어나고 곧
장 혁명을 일으킨 노예의 속임수에 걸려들어 그들의 노예가 된 듯한 느
낌이 든다.

— 루신

## 한국 민주주의 성장의 원동력

• • •

싱가포르와 대만은 정치적 민주주의를 제약했지만 국민들은 경제적 번
영과 자유를 향유하고 있다. 1인당 국민소득 6,000달러 미만의 나라에서
민주주의를 시행해 성공한 예가 없다. 한국에서 민주주의 성공은 민주
투사의 노력에 의한 것이기보다 경제 성장에서 비롯된 것이다.

— 파리드 자카리아, 《자유의 미래》

## Law와 Rule

...

영 · 미 · 일 등 법치 국가는 법을 이야기할 때 항상 Rule(규칙, 지배)과
함께 이야기한다. 그러나 우리는 Law만 있고 Rule은 없다. 어느 누구에
게나 똑같이 적용되는 규칙, 그 규칙(지배)이 조선이나 한국에는 없었던
것이다.

— 김경일, 《공자가 죽어야 나라가 산다》

## 중도파의 속성

...

중도는 결국 좌파의 또 다른 이름에 불과하다. 미국은 현재 전통주의자
와 세속적 진보주의자 간의 심각한 문화전쟁을 겪고 있다.

— 빌 오라일리(미국 보수의 상징적인 인물)

:: 미국의 세속적 진보주의자와 한국의 수구적 진보주의자는 닮은꼴이다.

## 정보시대의 핵심

• • •

정보 자체로 남는 정보는 전혀 쓸모가 없다. 누가 더 그 정보를 창의적으로 조합하고 디자인하여 효율적으로 사용하는가, 즉 누가 더 플러스 알파의 생각을 더할 수 있는가가 중요하다. 누가 더 재미있는 생각을 하고 누가 더 깊이 있는 생각을 하느냐가 성패를 가름한다.

— 장영희, 〈정보시대를 넘어 생각의 시대로〉

## 자본주의 메커니즘의 기본 원리

• • •

개별적인 이기심의 추구가 집단적인 후생을 극대화한다는 것이 자본주의 메커니즘의 기본이다.

— 애덤 스미스

## 좌파 정부란 없다

•••

집권하면 그 자체가 우파이며 이 세상에 좌파 정부란 없다.

— 가타리(프랑스 철학자)

## 사상의 자유

•••

당신의 사상에 반대하지만 그 사상 때문에 탄압받는다면 나는 당신의 편에 서서 싸울 것이다.

— 볼테르

## 문명의 수준

•••

문명의 수준을 알고 싶다면 그 사회가 죄수를 어떻게 다루는지 보라.

— 도스토예프스키

## 부패한 사회

· · ·

이처럼 부패한 사회에서는 미덕이 악덕에게 용서를 빌어야 한다.

— 셰익스피어, 《햄릿》

## 자유와 조국

· · ·

자유가 있는 곳이 내 조국이다.

— 벤저민 프랭클린

## 한국 좌파의 소명

· · ·

한국의 좌파들은 한국의 성공담을 글로벌 세계에 전파하는 휴머니즘의
전사가 되어야 한다.

— 폴 버만(뉴욕대 교수)

## 박애(博愛) 자본주의의 성격

● ● ●

박애 자본주의는 승자 독식의 신자유주의적 자본주의 시스템을 보완하
기 위한 함께 살아가는 시장경제를 표방한다.

—매튜 비숍 · 마이클 그린,《박애 자본주의》

## 모두가 찬성하는 개혁

● ● ●

모두가 찬성하는 개혁은 개혁이 아니다. 아무리 선정을 베풀어도 반대자
는 반드시 있게 마련이다. 모든 사람이 똑같이 만족하는 통치는 통치가
아니기 때문이다. 언젠가는 반드시 공적 또는 사적인 분노에 사로잡혀
최고 권력자에게 불만을 품는 사람이 나오게 된다.

— 카이사르

:: 혁명은 보이는 적을 물리치면 되는 것이지만 개혁은 보이지 않는 적과 싸우는
   것이다.

## 마침을 비롯됨처럼 삼가라(愼終如始)

● ● ●

민중이 하는 일은 언제나 거의 성공 단계에서 실패한다. 마침을 비롯됨
처럼 삼간다면 실패하는 일이 없을 것이다.

— 《노자》 64장

## 세금을 거둘 때와 쓸 때

● ● ●

"세금을 거둬갈 때는 낱알까지 다 헤아리면서 쓸 때는 어찌 하여 진흙이
나 모래 다루듯 하는가?"

— 두목(杜牧, 중국 당나라 시인)

## 오늘날 다시 음미하는 노자의 페미니즘

. . .

노자는 물, 곡신(谷神), 암컷, 영아, 유약, 부쟁(不爭)을 숭상했다. 이러한
노자의 2400년 전 페미니즘에서 우리는 무엇을 배울 수 있을까?
21세기는 소프트한 기술과 정보화의 시대이고 이에 부응하여 페미니즘
시대가 열리려 하고 있다. 이제 인류 역사는 투쟁과 경쟁, 공업과 전쟁의
시대를 지양하고, 협력과 평화, 자연과 상생의 농업적인 문화의 시대를 넘
어야 한다. 이것이 오늘 우리가 노자의 페미니즘을 다시 음미하는 이유다.

— 기세춘, 《노자 강의》

## 공자의 포부

. . .

자로가 공자에게 이렇게 물었다.
"선생님의 포부는 무엇인가요?"
"노인이 편안한 세상, 친구가 서로 믿는 세상, 어린이가 사랑받는 세상이다."

—《논어》 공야장 중에서

## 제도가 가진 문제점의 본질

• • •

제도는 운영하는 방법과 사람이 문제이지 그 이념(선악)에 문제가 있는 경우는 드물다. 당시 수(隋) 문제가 선포한 과거제도는 좌절한 지식층과 배고픈 서민층에게는 기회 균등의 길을 열어준 감격스러운 선물이었다. 진정한 공동체 사회를 이룩하기 위해서는 반드시 제거되어야 할 독소조항인 문벌주의를 타파하기 위함이다.

— 박원길, 《유라시아 대륙에 피어났던 야망의 바람》

## 권력 거리

• • •

조직의 안정을 해치지 않으면서 젊은 세대가 자신의 역량을 마음껏 펼칠 수 있으려면 권력 거리부터 줄여야 한다. 명령하는 사람과 명령을 받는 사람의 거리가 멀수록 권위적인 사회가 된다.

— 칭기즈칸의 리더십에서 얻은 저자 메모

## 백성의 가슴 속에 살아 있는 석가

석가는 백성들의 가슴 속에 살아 있는 불빛이지 불상 속에 갇혀 있는 못
난이는 아니다.

— 세종(중국 5대10국의 마지막 국가인 후주의 왕)

:: 당시 기득권층이던 부패한 불교 세력에게 한 말이다.

## 나라의 혼

나라의 혼은 소박한 사람들의 일상생활에서 나온다.

— 펄 벅

## 강을 건너는 중에는

강을 건너는 중에는 말을 갈아탈 수 없다.

— 링컨, 재선 구호로 쓴 표어

## 정치에서 성공하려면

· · ·

정치에서 성공하는 최선의 방법은 어딘가로 가고 있는 군중을 찾아서 그 선두에 서는 것이다. 정치에서 성공하려면 때로는 자신의 정치 원칙을 초월해야만 한다.

— 브라운의 리더십 규칙(머피의 법칙)

## 세상은 우리를 그리 오래 기억하지 못하겠지만

· · ·

세상은 우리가 이 자리에서 하는 말을 그리 오래 기억하지 못하겠지만 그들이 이곳에서 한 일은 결코 잊지 못할 것입니다. 그들이 너무도 고귀하게 이루려다 못다 한 일에 전념해야 할 사람들은 바로 살아 있는 우리입니다.

— 링컨, 게티즈버그 연설 중에서

## 진실의 전진

• • •

진실이 전진하고 있고 아무것도 그 발걸음을 멈추게 하지 못하리라.

— 에밀 졸라,《나는 고발한다》

## 백성의 생업

• • •

백성의 경우 떳떳이 살 수 있는 생업이 없으면 그로 인해 떳떳한 마음이 없어지는 것입니다. 만일 떳떳한 마음이 없어진다면 방탕하고 아첨하며 사악하고 사치스러운 일들을 그만두지 못할 것이니 백성들이 이로 인해 죄를 짓고 그래서 이들을 형벌에 처한다면 이는 백성에게 죄를 주기 위해 그물질 하는 것입니다.

—《맹자》양혜왕

:: 동서고금을 막론하고 국정 최고책임자의 책무 중 하나는 일자리 창출을 통한 사회복지 구현이다.

## 정치와 자연의 법칙

• • •

가끔 작은 반란이 일어나는 것은 좋은 일이고 정치세계에 있어서는 이것이
필요하기도 하다. 마치 자연계에 가끔씩 폭풍이 부는 것이 필요하듯이 자유
의 나무는 애국자와 압제자의 피를 먹고 자란다. 이것이 자연의 법칙이다.

— 토머스 제퍼슨

:: 미국 독립전쟁의 영웅이었던 세이르대령의 반란이 일어나자 한 말이다.

## 임금보다 존귀한 것

• • •

임금은 존귀한 존재지만 그보다 더 존귀한 것은 천하 민심이다. 천하 민
심을 얻지 못하는 정권은 무너질 수밖에 없다. 민심은 어떻게 얻을 수 있
는가? 오직 백성을 내 몸처럼 사랑하는 마음으로써만 얻을 수 있다.

— 정도전, 《조선경국전》 서문

:: 정도전이 꿈꾼 나라는 '왕의 나라'나 '신하의 나라'도 아닌 '백성의 나라'였다.

81

## 진리는 하나

····

진리는 하나인데 현자들은 여러 가지로 말하고 있다.

— 리그베다

····

사실 진리는 하나인데 종교마다 표현을 달리하고 있을 뿐이다. 가끔 성
경을 읽으면서 느끼는 일이지만 불교의 대장경을 읽는 듯한 착각을 일으
키는 때가 있다.

— 법정스님

## 스승을 만나기 위해

····

스승을 만나고자 세계를 돌아다니려 하지 말자. 당신의 스승은 당신 곁
에 있으니.

— 스티브 잡스가 깨달은 선불교 진리

## 독재자와 학살

· · ·

한 사람의 죽음은 비극이지만 100만 명의 죽음은 통계학상의 문제다.

—스탈린

## 항우와 유방에 대하여

· · ·

항우는 정치가가 아니다. 유방이 바로 고단수의 정치가이다.

— 마오쩌둥

## 항우의 오류

· · ·

항우는 자신의 전투 능력을 자부해 자기 마음대로 정치를 하려 했을 뿐
역사적 경험을 거울로 삼지 않았다.

— 사마천

## 공직 사회의 부패를 막으려면

...

모든 사안을 공개하고 기회를 공평하게 주고 평가를 공정하게 하는 것만
이 공직 사회의 부패를 막을 수 있는 유일한 방법이다.

— 타이완 무역대표부 대표, 어느 세미나에서

## 공자 사상의 이분법적 편가름

...

공자는 군자와 소인이라는 동양 사회를 관통하는 이분법적 편가름을 통
해 자신도 모르게 흑백논리에 매몰되고 말았다. 이 이분법 때문에 많은
사람들은 둘 중의 하나만을 선택할 수밖에 없었다. 물론 대부분이 자신
을 군자라고 선언했다. 연주가 끝나면 졸다가도 박수를 쳐야 하듯이.

— 김경일, 《공자가 죽어야 나라가 산다》

## 이슬람 세계에 대한 서구의 이중 잣대

이스라엘을 향한 비난이나 팔레스타인 학살 문제 등에 대한 언급은 반유
대법의 제재를 받아 회피한다. 반면 15억 명의 무슬림이 영적인 테러라
고 주장하는 무함마드 모독 영화나 이슬람 모욕행위는 표현의 자유 또는
예술적 행위라는 논리로 별다른 제재를 받지 않는다.

— 이희수, 《이희수 교수의 이슬람》

## 고대 그리스의 정치 현실

그리스에서 정치에 대한 논의는 현명한 사람들이 담당하는 데 비해 그
결정은 무식한 사람들이 담당한다는 사실에 놀랐다.

—아나카르시스

## 시민단체의 기여

• • •

시민단체들이 국가 수단으로 변질되어 정부활동과 관료기구의 확대에
기여하고 있다.

— 마이클 노박(Michael Novak)

## 자유란

• • •

자유는 잃어버릴 게 아무것도 없는 상태를 가리킨다. 나는 이제 대통령
시절보다 더 솔직하고 자유롭게 말할 수 있다.

—지미 카터

## 전쟁의 최초 희생자

• • •

전쟁의 최초 희생자는 진실이다. 이념 전쟁에서도 진실은 희생되기 마련이다.

—필립 나이틀리(Phillip Knightley, 6.25전쟁 종군기자)

## 훌륭하다는 사람 떠받들지 말라

...

훌륭하다는 사람 떠받들지 말라. 그러면 백성들은 다투지 않는다.
지식 있다는 자가 함부로 일을 벌이지 않도록 하라. 그러면 백성들도 편
안하다.

— 《노자》도덕경 3장

## 공자 비판

...

정치적 좌절을 겪고 오지의 깊은 산중에 틀어박힌 한 사내(주자)의 한밤
중 사색이 만든 에세이 몇 편을 두고 우리는 조선 500년 동안 허송세월
을 했던 것이다. 그리고 그 500년 만에 얻은 결론은 나라가 망한다였다.
짱시(강서)의 깊은 산속에서 별을 보며 끄적였던 한 불면증 환자의 에세
이가 불러온 파국치고는 너무 비참한 것이었다. 그 파국의 그림자가 지
금껏 길게 드리워져 있다.

— 김경일, 《공자가 죽어야 나라가 산다》

## 대제국 개혁 방법

• • •

"한 가지 이로운 일을 시작하는 것은 한 가지 해로운 일을 줄이는 것만
못합니다."

—야율초재(耶律楚材, 몽골제국 초기의 공신)

:: 몽골제국 2대 황제인 오고타이(窩闊台)가 야율초재에게 대제국을 개혁할 방법
을 묻자 대답한 말이다.

## 나라와 나

• • •

나라는 반드시 자신이 해친 뒤에야 남이 해친다.

國必自伐而後人伐之

— 맹자

## 중국 공산당이 국민들로부터 신뢰를 받는 이유

•••

중국 공산당이 그들의 이념을 유지하면서 자본주의적 경계를 가미하여
오늘에 이르기까지 체제를 토대로 국민들로부터 신뢰를 받으면서 국가
경영을 계속하는 이유
1. 공산당 창시자들의 도덕성.
2. 엄격한 자기관리.
3. 비교적 부패에 물들지 않는 청렴한 생활.

— 홍순도,《중국, 중국인》

## 과시적 소비와 경제 성장

•••

과시적 소비도 경제 성장의 원동력이다.

—라웨이둥(羅衛東, 중국 저장대학 교수)

## 윤리 없는 경제

...

윤리 없는 경제는 악이다.

— 애덤 스미스

## 가장 좋은 정부

...

가장 좋은 정부는 가장 적게 다스리는 정부다.

— 토머스 제퍼슨

## 전쟁에서 이기려면

...

전쟁은 다소 미흡한 점이 있더라도 속전속결해야 하는 것이다. 정교하게
한다 하여 지구전을 해서 승리했다는 예를 본 적이 없다.

— 《손자병법》

## 정부의 효용

• • •

정부는 기껏해야 하나의 편리한 수단에 지나지 않는다.

— 헨리 데이비드 소로

## 인간의 의견

• • •

인간의 의견이라는 것이 얼마나 기만에 차고 얼마나 그릇된 판단으로 왜곡되어 있는지 기가 찰 정도이다. 지위가 높은 자라도 야심과 독단에서 벗어나지 못하고 그들에게 통치되는 민중도 위정자를 비추는 거울에 지나지 않는다.

— 마키아벨리,《피렌체사》

## 권력의 속성

● ● ●

"국민이 조금만 한눈을 팔아도 그 순간 권력은 횡포를 저지르고 부패하고 오류를 저지릅니다. 수천 년간 끈질기게 되풀이되어온 권력의 속성입니다. 그래서 권력이란 끊임없이 감시 감독해야만 하는 필연성이 생깁니다. 민주 사회에서 권력을 감시 감독하는 데 아주 효과적인 조직이 시민 단체입니다."

— 조정래

## 크게 두들기면

● ● ●

크게 두들기면 큰 답이 나올 것이며 작게 두들기면 작은 답을 얻는다. 어제의 나에게 아무런 미련도 갖지 않는다. 나는 어제의 내가 아니다.

— 사카모토 료마(坂本龍馬, 19세기 일본의 개혁가)

## 백성은 물이다

· · ·

백성은 물이다. 물은 배를 띄우기도 하지만 배를 뒤집기도 한다.

— 순자

## 세상에 금지하는 것이 많으면

· · ·

세상에 금지하는 것이 많으면 백성은 더욱 피폐해지고 법령이 더욱 창창해져도 도적(범죄)는 많이 생긴다.

—《도덕경》57장

## 다스림

· · ·

다스림이 너그러우면 백성은 순박해지고, 다스림이 엄하고 혹독하면 백성은 교활해진다.

—《도덕경》59상

## 민중의 목소리

...

민중의 목소리는 신의 목소리다.

— 마키아벨리

## 조선 왕조 500년의 근간

...

조선 왕조는 백성들이 초근목피(草根木皮)로 연명한다는 말이 있을 정도
로 가난한 나라였다. 이렇게 가난한 왕조가 500년이라는 장구한 세월 동
안 단일 왕조의 기틀을 유지할 수 있었던 이유는 무엇인가? 한 나라의 국
가 기강이 무너지지 않았다는 것이다. 국가 기강을 유지할 수 있었던 것
은 도덕적 용기를 갖춘 언관이나 사관들의 직언과 정승을 비롯한 권력
핵심층의 청렴성이었다.

— 신봉승

## 세종의 정치

. . .

황희는 태종 때 양녕대군의 폐위에 반대했다 귀양을 갔으나 세종은 그를 풀어 정사를 맡겼다. 결국 세종은 자신의 즉위를 반대한 사람을 중용하여 명재상이 되게 했다.

세종이 임신한 여자의 남편에게 출산 휴가를 준 것은 세계 최초였다. 관비의 출산 휴가를 7일에서 100일로 늘리고, 부인을 돌보는 남편에게도 30일간의 출산휴가를 부여했다.

세종은 또한 1439년에  세금을 변동세제로 할 것이냐 정액세제로 할 것이냐를 놓고 반 년간에 걸쳐 17만 명의 백성을 대상으로 설문조사 실시했다. 이 결과 정액세제에 찬성한 자가 98,000명으로 나오자 정액세제를 채택했다. 이렇게 정책 실시를 두고 여론 조사를 벌인 일은 당시 동서양을 통틀어 전대미문의 사건이었다.

—《세종실록》에서 발췌

## 패전한 장수와 망국의 대신

∙ ∙ ∙

패전한 장수는 용병에 대해 말할 수 없고, 망국의 대신은 나라를 존립시
키는 일에 대해 말할 수 없다.

— 사마천, 《사기》 중 조(趙)나라 광무군이 한신에게 한 말

## 현실 안주와 자아도취의 태도

∙ ∙ ∙

일반 대중은 현실에 안주하고 싶어 하고, 학자(선비)들은 자신의 주장에
도취되기 쉽다. 현실 안주와 자아도취의 태도로는 법 테두리 밖의 큰 문
제를 논할 수가 없다.

— 상앙

## 애국심의 곡조에 감상적이 된 선남선녀

∙ ∙ ∙

책임을 져야 할 자들이 합창하는 애국심의 곡조에 감상적이 된 선남선녀
들이 금반지니 달러니 쌈짓돈을 들고 나오는 것을 보라. 이 나라 역사에
서 수없이 되풀이되어온 풍경이다.

— 리영희

## 정치와 여론

∙ ∙ ∙

전제 군주라고 해도 여론을 계속 무시하는 것은 자기 몸을 베는 칼날이
될 수 있다.

—시오노 나나미

## 중국 지도자의 정치 철학

● ● ●

도광양회(韜光養晦) ― 빛을 감추어 밖으로 새지 않도록 한 뒤 은밀히 힘
을 기른다.

—덩샤오핑

● ● ●

유소작위(有所作爲) ― 해야 할 일은 적극적으로 나서서 한다.

—장쩌민

● ● ●

화평굴기(和平崛起) ― 평화롭게 우뚝 일어서다.

—후진타오

● ● ●

돌돌핍인(咄咄逼人) ― 거침없이 상대를 압박한다.

—시진핑

## 대중의 속성

∙∙∙

대중은 확고부동하지 않는 것에는 동조하지 않는다. 대중은 여성과 같아
서 이성보다는 감정에 좌우된다. 머리를 숙이는 사람보다 강한 지배자를
좋아한다. 작은 거짓말은 금방 폭로되지만 큰 거짓말은 몇 번이고 거듭
하는 동안 진실이라고 여겨지게 된다.

— 히틀러,《나의 투쟁》

:: 히틀러는 선전은 항상 감정에 호소했고 반대파를 공격하기 위해 사실을 왜곡하
고 선동적인 악선전을 하는 것도 예사였다.

## 주사위는 던져졌다

∙∙∙

이미 엎질러진 물이다. 이 강을 건너면 인간세계가 비참해지고 건너지
않으면 내가 파멸한다. 나아가자. 신들이 기다리는 곳으로. 우리의 명예
를 더럽힌 적들이 기다리는 곳으로. 주사위는 던져졌다.

— 율리우스 카이사르, 기원전 49년

## 학자의 정치 참여

● ● ●

학자가 정치에 나서서 정치적으로 성공은 없고 마침만 있을 뿐이다.

舍章可貞 或從王事 无成有終

—《주역》

:: 정치에는 인간의 학문에서 말하는 논리와 기술 이상의 도가 필요한 법인데 이
   것을 갖추지 않고 인간이 만든 논리와 기술인 학문에 해박한 학자가 정치에 나
   서서 성공할 수 없다는 뜻이다.

## 새로운 정책을 단행하려면

● ● ●

새로운 정책을 단행해야 할 경우에는 사람들에게 생각하고 비판할 시간
을 주지 않도록 잇따라 해야 한다.

— 마키아벨리, 아우구스투스의 일련의 개혁을 예로 들면서

## 민심과 여론에 귀와 마음을 열라

....

**백성의 입을 막는 것은 물을 막는 것보다 어렵다.**

防民之口 甚於防水

— 사마천, 《사기》 주본기

:: 통치자는 민심과 여론에 늘 귀와 마음을 열고 있어야 한다는 뜻으로 《사기》 전
편을 통하여 가장 유명한 명언 중 하나이다.


## 임금이 어질면

....

**임금이 어질면 신하는 곧다.**

君仁_則臣直

— 《자치통감》, 중국 위나라 문후의 고사

## 물이 나를 비추면

● ● ●

물이 나를 비추면 내 모습을 알 수 있고 백성을 보면 그 다스림을 알 수
있다.

人視水見形 視民知治不

— 사마천,《사기》은본기

## 백성과 관리를 다스리는 일

● ● ●

백성을 다스리는 것은 눈을 다스리는 것과 같아서 손을 대면 더욱 흐려
지고, 관리를 다스리는 것은 치아를 다스리는 것과 같아서 긁어내고 닦
으면 더욱 좋아진다.

—장양호(중국 송말원초 관료),《삼사충고(三事忠告)》

## 칭기즈칸의 통치 철학

. . .

가장 낮은 밑바닥을 이해하는 사람만이 가장 넓은 곳을 지배할 수 있다.

—칭기즈칸, 예케자사크(대법전) 17조

## 《군주론》의 핵심

. . .

"관대함이란 지도자가 되기 전에 취해야 할 태도일 뿐이며 막상 군주와
같은 리더의 반열에 오르면 인색함으로 조직을 쥐어짜야만 한다."
《군주론》의 핵심은, 군주는 사랑받는 것보다 두려움의 대상이 되는 것이
더 안전하다는 것이다. 왜냐하면 원래 인간은 은혜도 모르고 변덕이 심하
며 위선자인데다가 뻔뻔스럽고 신변의 위협을 피하려고만 하고 물욕에 눈
이 어두워지기 마련이기 때문이다.

— 김상근, 《마키아벨리》

103

## 인재 등용

• • •

나라가 양 오랑캐 사이에 끼어 있어서 모든 인재가 국가의 쓰임이 되어도 시원찮을 판에 도리어 인재 등용을 막고 "인재가 없다. 인재가 없다"라고 하니 이것이야말로 남으로 가면서 수레를 북쪽으로 돌리는 것과 무엇이 다른가?

— 허균, 〈유재론〉 중에서

2부

유언(流言)은
지자(智者)에게서 멈춘다

## 4장

# 삐져나오는 못은
# 더 삐져나오게 하라

## 적을 가장 잘 아는 자는

• • •

적을 가장 잘 아는 자는 적과 마주치지 않는다.

— 노자

:: 전쟁이나 혁명 같은 대사는 당파에 의해 수행되고 영향을 받는다. 위기일수록
기본에 충실해야 한다.

## 공사에 임하는 사람 중에

• • •

공사에 임하는 사람 중에 겉으로는 무어라 하든 순수하게 나라만의 이익
을 생각하는 사람은 거의 없다. 어쩌다 그 행동이 국가에 이익이 되었다
해도 자신의 이익과 나라의 이익이 일치한다고 생각했기 때문에 그렇게
행동한 것이지 그저 박애주의적 원칙에 따른 것은 아니다. 인류의 행복
을 위해 일하는 공무원은 더더욱 없다.

— 벤저민 프랭클린, 1731년 25세 당시의 생각

## 노블레스 오블리제

• • •

마오쩌둥은 국민당의 숱한 백색테러를 극복하고 살아남은 자신의 두 아들 마오안잉과 마오안칭을 신중국이 건국되자 국유기업 노동자로 지방으로 내려 보냈다. 6.25전쟁이 나자 장남인 마오안잉을 군번도 없는 지원군의 군복을 입혀 전선으로 보내 아들이 전사했다. 게다가 아들의 유해 송환도 반대했는데, 다른 수많은 전사자도 유해를 수습하지 못하는 상황에서 특별대우 할 수 없다는 이유 때문이었다.

중화인민공화국 건국 후 초창기에 혁명 동지인 청쳰과 친척들이 찾아와 도움을 요청하자 이렇게 말하며 거절했다.

"여러분은 주석의 동지이자 친인척이라는 사실만을 영광으로 알고 모범을 보여라. 그것이 바로 나를 돕는 일이다. 다른 곳에 눈을 돌리면 그때는 내 동지와 친척이 아니다."

— 홍순도, 《99색 99인의 중국&중국인》

위기 극복을 위한 직원들의 상상력을 끌어내려면

• • •

직원들을 배려해 주는 문화와 환경 속에서만 직원들의 위기 극복을 위한
상상력을 발휘할 수 있다.

— 로자베스 캔터(하버드대 경영대학원 교수)


스티브 잡스가 남긴 메시지

• • •

1. 우주에 흔적을 남기겠다는 열정을 가져라.

2. A급 선수만 고용하고 얼간이들을 해고하라.

3. 디자인에서 완벽을 추구하라.

4. 소규모의 팀으로 고집하라.

5. 바쁘게 움직여라.

6. 감정에 휘말리지 말라.

## 윗사람의 행실이 바르면

∴∴∴

윗사람들의 행실이 바르면 명령하지 않아도 저절로 이행되지만 윗사람의 행실이 바르지 못하면 명령을 내려도 복종하지 않는다.

— 사마천,《사기》이장군열전

## 조직이 무능한 사람들로 채워지는 이유

∴∴∴

사람들은 스스로 무능함이 드러날 때까지 승진을 거듭하기 때문이다.

— 파킨슨의 법칙

## 약자를 위한 담론

∴∴∴

약자를 위한 담론은 항상 수난을 당하고 외로운 것이며 오히려 강자들이 그것을 이용한다.

— 최진석, 노자 해설

## 학자와 대담을 나눌 때는

• • •

명망 있는 학자와 대담을 나눌 때는 그의 말에 군데군데 이해되지 않는
곳이 있는 척해야 한다. 너무 모르면 업신여김을 당하게 되고 너무 잘 알
면 미움을 받게 된다. 군데군데 이해되지 않는 정도가 피차에게 가장 무
난하다.

— 루신

## 비전은 쓸데없다

• • •

지금 당장 IBM에 쓸모없는 것은 비전이다. 가장 중요한 것은 회사의 수
익성을 살리는 것이다.

— 루이스 거스너, 《코끼리를 춤추게 하라》

:: 비전이라는 이름 아래 되풀이되는 공허하고 원론적인 구호들을 냉소했다.

## 키루스 대왕의 취임 연설

●●●

"한때 용감했던 사람일지라도 끝까지 용감하려고 헌신하지 않는다면 계속해서 용감하리라고 장담할 수가 없습니다. 마찬가지로 한때 신체적으로 강인했다 할지라도 게을러지는 순간 신체조건은 나빠집니다. 절제와 인내도 그것을 고양하는 노력을 중단하는 순간 퇴보할 것입니다. 따라서 우리는 나태한 사람이 되거나 현재의 즐거움을 위해 자신을 버려서는 안 됩니다. 제국을 얻는 것은 위대한 일이지만 얻은 후에 그것을 지키는 것은 더욱 위대한 일입니다.

승리는 용기 있는 자에게도 가끔 주어지지만 승리를 쟁취하고 그것을 유지하는 일은 절제와 인내, 그리고 엄청난 주의를 실천하지 않는다면 불가능합니다. 그렇다면 우리가 무엇을 해야 하고 어디서 미덕을 실천하며 그 실천을 어디에 적용해야 할까요? 제군들! 여러분에게 말하는 것은 전혀 새로운 것이 아닙니다. 여러분은 여러분의 자리에서 내가 꼭 해야 할 일을 계속하는지 감시하고 나 또한 여러분을 감시하는 것입니다."

— 크세노폰, 《키로파에디아 — 키루스의 교육》

:: 피터 드러커는 이 책을 "리더십을 체계적으로 다룬 최초이자 최고"라고 극찬했다.

## 실리 추구 의식의 취약함

● ● ●

실리 추구 의식의 취약함은 세계 변화에 대한 전략적 사고의 빈곤과도
연결된다. 명분과 구호만 앞에 둔 동북아 중심 국가 표방 하에 이웃 강대
국들의 심기를 쓸데없이 건드리기보다는 협력과 편승 전략을 구사하면
서 실리를 추구하는 용의주도함이 필요하다.

— 송호근

## 군자와 충신의 처세

● ● ●

군자는 교제를 끊더라도 남의 험담(단점)을 하지 않는다.
충신은 그 나라를 떠나더라도 자기 결백을 밝히려고 군주에게 허물을 돌
리지 않는다.

— 사마천,《사기》악의열전

## 사만구일(捨萬求一)

● ● ●

하나에 집중하기 위해 나머지는 모두 버린다는 뜻.

— 오다 노부나가의 전술

## 누군가를 약하게 만들려면

● ● ●

누군가를 약하게 만들려면 먼저 강하게 만들어야만 한다. 무엇인가를 없
애려면 반드시 먼저 일으켜야 한다.

— 노자

## 책임지는 태도

● ● ●

승리했을 땐 자신 때문이라고 나서는 사람이 100명이지만 실패하면 책
임을 지는 사람이 한 명밖에 없다. 내가 유일하게 책임을 지겠다.

— 케네디, 1961년 피그만 침공 사선 실패 시

## 위기 때 필요한 리더십 5원칙

· · ·

1. 중간 리더 존중 및 활용.
2. 필수 업무에의 집중.
3. 격의 없는 커뮤니케이션.
4. 평가 지표 및 책임 소재의 명확화.
5. CEO의 임직원 마음 관리를 통한 조직 유대감 강화.

— BCG(미국 컨설팅 업체)


## 망국의 책임자

· · ·

"우리나라를 망하게 한 것은 일본도 이완용도 아니오. 그것은 나 자신이
오. 내가 왜 일본으로 하여금 내 조국의 산하에 조아(爪牙)를 박게 하였
으며 내가 왜 이완용으로 하여금 조국을 팔기를 용서하였소? 그러므로
망국 책임자는 나 자신이오."

—도산 안창호

## 결과로 말하는 시대

● ● ●

우유부단, 임시변통, 미봉책과 비효율적인 대책, 미루기가 통하던 시대는
끝났다. 이미 우리는 결과로 말하는 시대로 접어들었다.

— 처칠

## 위에는 정책이 있고 아래에는 대책이 있다(上有政策 下有對策)

● ● ●

상부에서 아무리 의욕적으로 정책을 입안하고 시행을 독려하더라도 이
를 시행하는 하부 기관에서는 지시대로 이행하지 않고 빠져나갈 방책을
세운다.

—중국의 개혁 정책을 비판하는 용어

## 싸움터

...

싸움터에 먼저 나아가 적을 기다리는 사람은 편하고, 늦게 도착하여 달려가는 사람은 고달프다.

—《손자병법》허실편

## 전쟁에서 장수와 용병의 요건

...

장수는 조용하고 깊이 성찰하며 정치적인 감각으로 정확하게 일을 처리해야 한다. 병사들의 눈과 귀를 어리석게 만들어 아는 것이 없게 하며 계획을 수시로 바꾸어 남으로 하여금 알지 못하게 하고 그 주둔지를 바꾸고 가는 길을 우회하여 타인으로 하여금 감히 알지 못하게 해야 한다.

용병의 요건은 말이 아니라 명령, 즉 실행이며 유리한 점만을 알리되 불리한 점은 말할 필요가 없다.

처음에는 처녀처럼 유순하게 행동하다 일단 관문을 통과하면 달아나는 토끼처럼 신속하게 침공한다.

116

전쟁은 오직 신속하게 처리해야 한다. 적이 미치지 못한 약점을 이용하고 적이 미처 생각하지 못한 길을 경유하여 적이 경계하지 않는 곳을 공격하는 것이다.

오월동주의 경우도 위기에 처하자 좌우의 손처럼 서로 도와 살아났다. 군대는 위험한 상황 속에 투입해야만 비로소 그 패배를 모면할 수 있고 사지에 빠진 뒤에야 살아날 수 있는 것이다. 무릇 장병들은 그러한 위험스러운 상황 속에서만 분전하여 승리할 수 있다.

—《손자병법》구지편에서 발췌

## CEO의 유일한 성적표

CEO의 유일한 성적표는 자금 현황이다.

— 데브라 벤튼,《CEO처럼 행동하라》

## 전쟁의 전략

...

1. 저자세로 나아가 적을 교만하게 만든다. 적을 분노케 하여 판단을 그
   르치게 한다.
2. 적으로 하여금 안일을 즐기게 하여 피로하게 만든다.
3. 가까운 곳을 노리면서도 먼 곳을 노리는 것처럼 한다.

— 《손자병법》

## CEO의 행동

...

쓸데없는 일은 버려라. 가족과 자신만의 시간을 유지하고 주변의 모든
복잡한 요소를 과감하게 제거할 필요가 있다.

— 데브라 벤튼, 《CEO처럼 행동하라》

## 경영자의 마지막 과제

· · ·

위대한 경영자의 마지막 과제는 승계.

— 피터 드러커

## 메이어의 법칙(Meyer's law)

· · ·

일을 복잡하게 만드는 것은 간단한 일이지만 간단하게 만드는 것은 복잡
한 일이다.

## 지도자가 되려면

· · ·

지도자가 되려는 사람은 자신이 지옥에 떨어지기를 각오해야지만 국민
을 천국으로 이끌 수 있다.

— 율리우스 카이사르

## 비상식적인 사람

• • •

상식적인 사람들은 스스로를 세상에 적응시키지만 상식을 벗어난 사람
들은 세상을 자신에게 적응시키려고 한다. 때문에 모든 진보는 상식을
벗어나려는 사람들에게 달려 있다.

— 조지 버나드 쇼, 《인간과 초인》

:: 예측 불가능은 리더가 가질 수 있는 최고의 자산 또는 무기다.

## 지도자의 대인관계

• • •

지도자는 상대방을 절망과 분노에 사로잡힐 만큼 호되게 닦아세워서는
안 된다. 철저하게 당했다고 느낀 후에는 이제 달리 길이 없다는 생각으
로 사생결단의 반격이나 복수를 하려 하기 때문이다.

— 마키아벨리

## 흉년의 책임

....

"폐하께서는 백성의 굶주림이 흉년 탓이라는 생각을 버리셔야 백성들에게 존경받는 군주가 될 수 있습니다."

— 맹자


## "한 사람의 백성도 상하지 않게 하라"

....

"짐이 등극한 지 17년, 역적이 경성을 핍박하여 짐이 보잘것없으나 박덕함을 하늘이 꾸짖는구나. 하지만 이 모든 것은 신하들이 짐을 잘못 이끈 탓이로다. 죽어 지하에서 선황(先皇)들을 뵐 면목이 없으니 짐의 의관을 벗겨 얼굴을 가려라. 도적 등이 짐의 시신을 갈기갈기 찢을지언정 백성들은 한 사람도 상하지 않게 하라."

—숭정제(중국 명나라의 마지막 황제)

:: 후대에 가장 존경받는 황제 중 한 사람인 숭정제가 자금성이 바라보이는 경산에서 목을 매고 자살하면서 남긴 유서의 내용이다.

121

## 대통령이 되자 달라진 점

＊＊＊

대통령이 되자 나의 입장은 180도로 달라졌다. 나를 위하는 척하면서 실
제로는 자기의 이익을 추구하는 적들에 둘러싸이게 되었다.

— 링컨

:: 대통령은 이상만을 추구할 수 없다. 현실이 있기 때문이다.

## 물이 너무 맑으면

＊＊＊

물이 너무 맑으면 물고기가 살지 않고, 사람이 앞뒤를 너무 살피면 따르
는 무리가 없다.

— 반고,《한서》

## 직언하는 길이 막히면

● ● ●

"고금에 직언하는 길이 막힌 나라치고 망하지 않는 나라가 어디 있습니까? 광해조가 망하게 된 근원은 바로 직언을 거부했기 때문입니다. 전하께서는 이런 일을 고치시고 신하가 직언하는 것을 허심탄회하게 받아들이십시오."

— 김상헌(인조 때 문신 · 학자)

## 진정한 지도자

● ● ●

자기보다 뛰어난 부하를 거느릴 줄 알아야 진정한 지도자다.

—에머슨

## 군주의 도리

• • •

"전하, 그것이 비록 왕실과 나라에 큰 도움이 되는 일이라 하더라도 백성
이 원치 않으면 시행하지 않는 것이 도리인 줄로 압니다."

— 황희

## 군주를 떨게 하는 신하

• • •

"용맹과 지략이 군주를 떨게 하는 자는 몸이 위태롭고 공로가 천하를 덮
을 정도로 큰 자는 상을 받지 못합니다. 무릇 신하 된 위치에 있으면서 임
금을 떨게 하는 위세를 지니고 그 이름이 천하에 높이 알려져 있다는 그
자체가 족하(한신)에게 위태로운 일입니다."

—사마천,《사기》회음후열전

:: 괴통이 한신에게 자립할 것을 권유하는 말이다.

## 제국의 멸망

● ● ●

내 자손들이 비단옷을 입고 기와집에서 사는 날, 내 제국이 멸망할 것이다.

—칭기즈칸의 유훈

## 오늘 나의 발자국은

● ● ●

흰 눈이 하얗게 덮인 벌판에서
아무렇게나 걷지 마라.
오늘 나의 발자국은
뒷사람들의 길잡이가 될 것이니.

路雪野中去

不須胡亂行

今日我行跡

遂作後人程

— 백범 김구, 서산대사의 선시 인용

## 공을 이루면

• • •

공을 이루면 스스로 물러나는 것이 하늘의 도리다.

功成身退 天之道也

— 노자

## 성을 쌓고 사는 자는

• • •

성을 쌓고 사는 자는 반드시 망할 것이며 끊임없이 이동하는 자만이 영
원히 살아남을 것이다.

—톤유쿠크(돌궐 제국의 명장)의 비문

## CEO의 의무

• • •

CEO는 미래를 책임지는 사람이지 과거의 영광을 연장하는 사람이 아니다.

— 일본 닌텐도 전 CEO

## 성장(盛裝)을 하고 조정에 입적하는 자

●●●

성장을 하고 조정에 입적하는 자는 사리(私利)로 인하여 공의(公義)를 해
치지 않고 명예를 중히 여기며, 수행에 힘쓰는 자는 사욕으로 인하여 절
조를 해치지 않는다.

— 사마천,《사기》노중련추양열전

## 기존의 수단과 예법

●●●

비범한 행동은 세간의 물의를 일으키고 독창적인 식견은 세속의 비난을
받는다. 지극히 높은 인격은 세속에 영합하지 못하고 큰 성공을 이루려
는 자는 대중에게 일일이 동의를 얻지 않는다. 국가를 부강하게만 할 수
있다면 굳이 기존 수단만 고집하지 않아도 되며 백성을 이롭게만 할 수
있다면 기존의 예법에 얽매일 필요가 없다.

— 상앙

## 전쟁터의 장수

• • •

장수가 전쟁터에 있을 때에는 임금의 명령이라도 받지 않을 수 있다.

—《손자병법》

## 우리가 대망하는 인물

• • •

우리가 대망하는 인물은 경천위지(經天緯地)하는 옛 재상의 기(器)나 호
풍환우(呼風喚雨)하는 명장도 아니다. 다만 언행이 일치하여 솔선궁행하
는 사람, 청렴강직하되 무능하지 않아 말단의 부패까지 불식 통솔하는
능력이 있는 사람, 앞날의 정치적 생명을 개의하지 않고 법치에 기대어
목숨까지 걸어 국정의 대의에 임하는 사람! 우리는 오직 이러한 지사적
인 인간만이 이 시대를 구제할 수 있다고 본다.

— 조지훈,《지조론》중 〈인물대망론〉

## 소인배로 넘쳐나는 세태

· · ·

요즘에는 거인들의 모습은 보이지 않고 춘추전국시대라고 할 만큼 소인
배들로 넘쳐나고 있다.

―김성한,《거인들의 시대》

## 민중의 신망을 받는 근본 조건

· · ·

지도자가 민중의 신망을 받을 수 있는 근본 조건은 민중의 공복으로서
순(殉) 할 수 있어야 하고 사욕과 악의와 폭정에로의 변질이 없으리라는
그 절제가 보장되어야 하고 혼자서만 깨끗한 것이 아니라 불의를 파쇄하
는 데 과감한 사람이어야 한다.

― 조지훈

## 모난 사람

● ● ●

모난 사람이 모나지 않는 사람보다 우수한 인재일 가능성이 높다. 삐져
나오는 못은 더 삐져나오게 하라.

— 호리바 마사오(교토 '호리바 제작소' 창업자)

## 장보고의 개척정신

● ● ●

장보고는 중국과 일본 정사에 기록된 거의 유일한 한국인이다. 하지만
우리는 그를 반역자로만 알고 있다. 해상왕과 무역왕으로서 장보고의 개
척정신을 재조명하는 것이 역사를 바로 세우는 것이다.
우리는 전국을 방방곡곡(坊坊曲曲)이라 한다. 일본은 진진포포(津津浦浦)
라고 한다. 대외 지향적이다.

— 김재철(동원그룹 회장)

:: 장보고는 해양 강국을 개척한 선구자다. 글로벌 강국을 만드는 데 국민적 모델
　　로 삼아야 한다고 본다.

## 대한민국 지도자가 가져야 할 덕목

● ● ●

지정학적 특성이나 역사의 흐름으로 볼 때 대한민국에서 유능한 지도자
가 되기 위해 가장 필요한 덕목은 위기 관리의 지도력이다.

— 오인환,《고종 시대의 리더십》

## 적의 허를 찔러라

● ● ●

적이 미처 방비하지 못한 곳을 공격하고 적이 전혀 예상하지 못했을 때
행동을 취해야 한다.

功其無備　出其不意

—《손자병법》시계(始計)편

:: 6.25전쟁, 진주만 공격 등에서 보이듯 새벽 시간대에는 사람의 의지력이 가장
약해지고 반응 능력이 가장 둔해서 이때 공격을 감행하면 쉽게 무너뜨릴 수 있
다. 즉 준비되지 않고 예기치 못했을 때 출격하면 성과를 거둘 수 있다.

### 지혜로운 장수

...

지혜로운 장수라면 이익과 손실 두 가지 방면을 동시에 고려해볼 것이다. 불리한 상황에 처했을 때 유리한 점을 찾아낸다면 순조롭게 일을 진행시킬 수 있고 유리한 조건에 처했을 때 위험한 요소를 살펴본다면 환난을 미리 방지할 수 있다.

—《손자병법》구변편

### 지도자의 처신

...

능력 있는 자의 일을 대신 하지 말 것이며 아랫사람의 구체적인 일에 간섭하지 말라.

—《관자》

## 천재란

● ● ●

천재는 다른 많은 사람들에게는 보이지 않는 것까지 볼 수 있는 사람이
아니라 다른 사람이 뻔히 보면서도 그 중요성을 깨닫지 못할 때 그 중요
성을 깨닫는 사람이다.

—시오노 나나미, 율리우스 카이사르에 대한 평가

## 누가 할 것인가?

● ● ●

누가 혼탁한 환경 속에 살면서도 그 혼탁함을 서서히 맑고 깨끗하게 할
수 있겠는가? 누가 몹시 안정된 환경 속에서도 안주하지 않고 움직여서
새로움을 서서히 촉진시킬 수 있겠는가?

—《노자》 15장

## 변화 경영전략 프로세스

. . .

* 하루를 즐거움으로 가득 차게 하라.

* 좌우지간 도전하라.

* 작은 실천을 진지하게 반복하라.

* 베스트 원(Best One)보다 온리 원(Only One)이 되어라, 경쟁에서
  이기는 유일한 방법은 경쟁하지 않는 것이다.

* 꿈을 상상하라.

* 고민만 말고 고통을 체험하라, 스트레스 받는 수박이 달다.

* 가까이에서 아이디어를 구하라, 현장이 답이다.

* 개념치고 부딪혀라, 경험이 안주인이다.

* 많이 읽고 메모하라, 학습은 기억보다 기록이 좌우한다.

* 벽을 허물고 경계를 넘어라.

* 이것저것 엮어봐라.

* 색으로 계를 무너뜨려라. 색은 상대방의 마음을 훔칠 수 있는 감
  성적 무기이고 계는 상대방에게 유혹당하지 않으려는 이성적 방

어벽이다, 나만의 컬러로 상대방의 마음을 훔치는 마음 도둑이
되어야만 한다.

— 유영만,《제4세대 HRD》

## 공자 평가

● ● ●

높은 산처럼 사람들로 하여금 우러러 보게 하고
큰 길처럼 사람들로 하여금 따라 가게 한다.

高山仰止 景行行止

— 사마천, 공자에 대한 평가

## 지도자의 3가지 필수 요소

● ● ●

지도자에게 필수 불가결한 요소는 첫째, 재능, 둘째, 운, 셋째 시대적 적합
성이다.

—마키아벨리

## 책 속의 지식과 옛 법도

● ● ●

책 속의 지식을 가지고 말을 모르는 자는 말의 속성을 다 이해할 수 없고
옛 법도로 지금을 다스리는 자는 사리의 변화에 통달할 수 없다.

— 사마천,《사기》조세가(趙世家)

## 세종의 리더십

● ● ●

훈민정음 창제는 세종의 장기 비전이 없었다면 불가능한 일이었다. 당시
상황에서 한글 창제는 사회적으로 환영받을 수 없었다. 사대부 권력은
한자에서 나오기 때문에 사대부 입장에서 백성은 무지해야 했다. 백성이
글을 해독하면 사대부들은 권력 기반을 잃게 된다. 중국도 한글 창제를
반길 리 없었다. 한글 창제는 사대부의 반대와 중국의 견제를 극복한 결
과다. 세종은 장기적 안목에서 정신적 · 문화적 인프라의 중요성을 깊이
깨달았다.

— 조동근(명지대 교수),〈한글날에 되새기는 세종 리더십〉

## 아름다운 명령 불복종

● ● ●

6.25전쟁 당시 공군 편대장 김영환 대령은 유엔군 사령부의 해인사 폭격
명령을 거부한 죄로 군법회의에 회부되어 이등병으로 강등되었다. 그후
복직되어 사천—강릉 간 비행 중 악천후로 34세로 산화했고, 우리나라
공군을 상징하는 '빨간 마후라'의 표상이 되었다.

— 보라매회,《보라매 얼》중에서 김영환 대령에 대한 증언 요약

## 단순화

● ● ●

스티브 잡스 — 단순화를 통해서 조직을 이끌고 아이디어를 창출했다.
레오나르도 다빈치 — 단순화는 결국 정교함에 이르는 길이다.

:: 단순한 조직은 새로운 조직이나 다름없고 단순한 생활, 주변의 단순화는 새로
운 시작, 새로운 발상을 가져다준다.

## 중요한 문제일수록 유권자가 판단해야

＊＊＊

중요한 문제일수록 단순화시켜서 유권자 한사람 한사람이 상식에 기초
해서 판단을 내려야 한다. 개개인 모두의 생활에 직접 영향을 주기 때문
이다. 이런 중대한 일은 소위 전문가라고 일컫는 집단에게 맡겨서는 안
된다. 그들은 대체 무슨 말을 하고자 하는지 모를 언론플레이만 열을 올
릴 것이 불 보듯 뻔하기 때문이다.

— 시오노 나나미, 《리더를 위한 로마인 이야기》

## 비주류의 경쟁력

＊＊＊

비주류가 경쟁력이다.

— 김승남(조은시스템 회장)

## 사람을 끌어들이는 큰 인물

＊＊＊

사람을 대할 때 그 인물의 내력, 교우관계, 이왕에 저지른 나쁜 짓 따위를 깨끗이 잊어버리고 담소할 수 있을 만큼 담이 큰 인물만이 사람을 끌어들일 수 있다.

— 시마사콘(島左近, 16세기 일본의 장수)

## 군주(리더)를 알려면

＊＊＊

군주(리더)를 잘 모르겠으면 그가 부리는 사람을 보라.

不知其君 視其所使

— 사마천,《사기》

## 기러기 리더십

• • •

기러기 무리가 언제나 알파벳 V자 형태로 비행한다는 사실은 널리 알려져 있다. 그러나 맨 앞의 기러기가 바뀐다는 것을 모르는 사람이 많다. 가장 앞에서 날며 무리의 리더가 되는 기러기는 양쪽으로 뒤따르는 다른 기러기들보다 바람의 저항을 많이 받는다. 조류학자들의 연구에 따르면 뒤에서 나는 기러기는 가장 앞에 있는 기러기보다 20퍼센트 정도의 체력을 덜 쓴다고 한다. 그래서 맨 앞에서 비행하는 기러기가 지치면 다른 기러기들이 자리를 바꾸는 것이다.

:: 협동의 정신이 성공의 원칙이다.

## 이기려면 적을 가까이하라

• • •

마오쩌둥과 중국 공산당은 적을 가까이했다. 적과 멀리한 사람들은 싸움에서 이긴 적이 없었다.

— 김명호, 《중국인 이야기3》

## 진정한 리더십은 나누기가 아닌 더하기

●●●

진정한 리더십은 더하기를 하는 과정이지 나누기 하는 행동이 아닙니다. 나는 이 나라 어느 한 부분도 공격하지 않을 것입니다. 이 나라 전체를 이 끌고 싶기 때문입니다.

― 조지 W. 부시, 대선 후보 수락 연설

## 군자불기(君子不器)

●●●

군자는 그릇이 되어서는 안 된다.

―《논어》위정편

:: 군자는 한 가지 용도뿐인 그릇이 아니라는 뜻으로, 한 가지 재능에만 얽매이지 않고 두루 살피고 원만해야 한다는 의미다.

## 코시모 데 메디치의 정신

∙∙∙

인간과 경영의 가치를 효율적 사고, 감성적 직관, 창조적 영감에서 찾으
려는 플라톤적 사고를 적용한 코시모 데 메디치(Cosimo de' Medici)
의 정신은 현대의 창조 경영에 그대로 적용할 수 있다.

— 김상근,《사람의 마음을 얻는 법》

## 장제스의 대인관계 수완

∙∙∙

결정적인 순간에 의외의 행동으로 사람을 당황하게 하는 것이 장제스의 특
징이었다. 위기를 두려워하지 않고 위기를 다루는 수완이 탁월했다. 심지어
는 위기를 스스로 만들 줄도 알았다. 의기투합했던 천중밍(陳炯明)이 반란을
일으키자 장제스는 쑨원 편에 섰다. 천중밍도 놀라고 쑨원은 더 놀랐다.

— 김명호,《중국인 이야기2》

:: 지도자는 연목구어라도 일을 벌여야 할 때가 있고, 사공이 많아 배가 산으로 가더
   라도 실행에 옮겨야 할 때가 있다. 때로는 쇼라고 하더라도 연기해야 할 때가 있다.

## 풍도(馮道)의 처세 원칙

...

1. 만인과 다투지 않는다.

2. 매사에 실무를 중시하라.

3. 임금이 아니라 나라에 충성한다.

:: 풍도는 중국 당나라 멸망 이후 송나라 건국 사이의 5대10국 시대에 다섯 왕조
　여덟 성씨 11명의 군주(천자)를 섬기며 온갖 비난을 뚫고 살아남은 자이다.

## 사람을 천거할 때는

...

사람을 천거할 때는 반드시 물러설 줄 아는 사람을 천거하라.

―장영(중국 북송시대 관리이자 문인)

## 정말로 사랑하는 일을 하라

● ● ● ●

물이 새는 보트에 타고 있다면 보트를 바꿔 타는 것이 보트의 물을 빼내
느라 시간을 쏟는 것보다 생산적이다.
당신이 정말로 사랑하는 일을 하라. 아침이면 저절로 눈이 떠질 것이다.

—워렌 버핏

## 성공한 사람과 그렇지 않은 사람의 차이

● ● ●

성공한 사람은 실패를 무릅쓰고 새 아이디어를 실행하지만 성공하지 못
한 사람은 아이디어의 문제점을 지적하며 실행하지 않을 구실만 찾는다.

— 브라이언 트레이시

:: 콜럼버스는 1484년에 당시 포르투갈의 왕인 주앙2세에게 대서양 횡단 계획을
   처음 건의했다. 그러나 '전문가'의 모임인 학술위원회에서 무모한 일이라고 반
   대했고, 결국 항해의 주도권은 스페인의 이사벨라 여왕에게로 넘어갔다.

## 주공의 인간관계 비법

● ● ●

주공(周公, 이름은 단(旦))이 예악을 제정할 당시 "아침에는 100편의 글을
읽고 저녁에는 70명의 인재들과 면담했다."
:: 아무리 바쁘고 힘들더라도 인간관계를 소홀히 하지 말라.

## 흐름을 거슬러 가라

● ● ●

성공하려면 "흐름을 거슬러 갈 준비"가 되어 있어야 한다.

— 샘 월튼

## 삶은 모험이다

● ● ●

삶은 모험을 빼면 아무것도 남지 않는다.

— 헬렌 켈러

## 모험과 성공

····

조급함이 막힌 것을 뚫는다. 세상사도 모험하지 않으면 성공할 수 없다.

— 포르투갈 속담

:: 1434년 포르투갈의 질 아이네스 제독이 처음으로 보자도르곶을 돌파하자 포르
투갈에는 "항해는 피할 수 없는 현실이다. 목숨을 아껴서 무엇 하겠는가?"라는
말이 유행하면서 젊은이들이 항해(도전)와 모험이라는 벅찬 꿈을 가졌다.

## 비웃음을 기꺼이 감당하는 도전 정신

····

아이디어가 한번 수용되면 기회는 끝이 난다. 때문에 참신한 아이디어를
가진 모험가들은 초창기에 심지어 친구와 가족들에게까지도 비웃음을
당할 준비가 되어 있어야 한다. 이런 도전 정신만이 '기존의 패러다임'을
변화시킬 수 있다.

— 쇼펜하우어

조지 마셜(George C. Marshall) 장군의 사람을 대하는 3가지 원칙

....

1. 상대방을 명예롭게 하라.
2. 일을 맡겼다면 끝까지 믿고 배려하라.
3. 정직한 실수라면 관용을 베푸는 데 인색하지 말라.

99퍼센트 인간과 1퍼센트 인간

....

99퍼센트의 인간은 현재를 보면서 미래가 어떻게 될지를 예측하고 1퍼센트의 인간은 미래를 내다보면서 지금 현재 어떻게 행동해야 될지를 생각한다.

— 간다 마사노리(일본 경영 컨설턴트)

:: 미래로부터 역산해서 현재의 행동을 결정하라.

## 과감하라

· · ·

과감하라, 과감하라, 과감하라. 항상 과감하라. 전장에 나가면 우리는 이
기거나 지는 것이 아니라 이기거나 죽는 것이다. 그러니 우리는 과감해
야 한다.
네 자신의 두려움과 타협하지 말라.

— 조지 패튼 장군

## 자신의 가치를 높이려면

· · ·

여기저기 얼굴을 내미는 사람은 자신의 가치를 스스로 떨어뜨리는 사람
이다. 명성의 장막을 두르고 그 안에 머무름으로써 신비감을 높이는 것
도 지혜로운 전략이다. 인기의 정점에서 은퇴한 배우가 사람들의 머릿속
에 오래도록 남는 것은 바로 그런 이치다.

— 발타자르 그라시안(Baltasar Gracián y Morales, 17세기 스페인 성직자 · 작가)

## 원대한 이상

* * *

욕심 없는 맑은 마음으로 뜻을 분명히 하고, 편안하고 고요한 마음으로
원대한 이상을 다하라.

淡泊明志 寧靜致遠

— 제갈량의 좌우명


## 낙관론과 리더십

* * *

나는 치료 불가능한 낙관론자다. 낙관론만이 사람의 미래를 이끌 수
있다.

— 샘 월튼

## 누군가 자기가 산 물건에 대해 물어오면

⬤ ⬤ ⬤

누군가가 어떤 물건을 구입하고 나에게 어떠냐고 물어온다면 좋지 않은
물건이라고 해도 "참 좋은 물건을 샀다"라고 하라.

—《탈무드》

## 결단해야 할 때 결단하라

⬤ ⬤ ⬤

**결단해야 할 때 결단하지 않으면 곧 거꾸로 재앙을 당한다.**

— 사마천,《사기》춘신군열전

:: 초나라 춘신군이 조영의 충고를 듣지 않은 결과가 주는 교훈. 선택과 결단을 스
스로 창출하지 않고 늘 그것이 자신에게로 던져지기만을 기다리던 인물은 다가
오는 어려운 일이 있을 때 중립이라는 미명하에 몸을 사린다. 입을 다무는 사람
은 지도자의 자격이 없다.

## 사람과 자리

....

사람이란 모름지기 자기보다 조금 모자라는 자리에 앉아야 한다. 그 자리가 그 사람보다 크면 사람이 상하게 된다. 어떤 사람의 능력이 100이라면 70 정도의 능력을 요구하는 자리에 앉아야 적당하다. 30 정도의 여유가 바로 창조적 예술적 공간이 되는 것이다. 그 반대의 경우 자기도 파괴되고 그 자리도 파탄된다. 그럼에도 불구하고 능력과 재능 적성에 아랑곳없이 너 나 할 것 없이 큰 자리, 높은 자리를 찾아 앉아 있는 세태는 참으로 어처구니없다.

— 신영복, 《강의》

## 일개미와 베짱이

....

실속 없는 일개미로 살지 말라. 평생 일개미로 살 것인가, 아니면 지혜로운 베짱이로 변화할 것인가?

— 무명씨

## 물자의 등락을 장악하려면

● ● ●

큰 가뭄이 있은 뒤에는 반드시 홍수가 있기 때문에 가뭄이 있은 해에는
곧 미리 배를 잘 준비해 두고 큰 홍수 뒤에는 반드시 가뭄이 있으므로 홍
수가 난 해에는 곧 미리 수해를 준비해야 한다. 이것이 물자의 등락을 장
악하는 도리다.

— 사마천,《사기》화식열전

## 폴로니우스의 충고 중에서

● ● ●

1. 마음속을 함부로 입 밖에 내지 말고 남의 의견은 들어주되 시비 판단
   은 말아야 한다.
2. 돈을 빌려주면 돈과 친구 둘 다 잃는다.

— 폴로니우스(햄릿의 연인인 오필리어의 아버지)

## 학습 원리에서 추출하는 21세기 생활 원리

* * *

1. 습관의 덫을 벗어나라.

2. 고정관념의 뒤통수를 쳐라.

3. 채우기 전에 비워라.

4. 컨테이너보다 콘텐츠가 중요하다, 콘텐츠는 콘셉트에서 나온다.

5. 나무를 보기 전에 숲을 보라, 부분 분석도 전체 이해에 후속한다.

6. 다름과 차이를 존중하라, 다름은 틀림이 아니다.

7. 칼과 칼집을 동시에 준비하라.

— 유영만


## 변화의 끝자락

* * *

바뀔수록 똑같다.

— 프랑스 격언

## 하늘이 주는 것을 받지 않으면

＊＊＊

하늘이 주는 것을 받지 않으면 도리어 벌을 받고
시기가 이르렀는데도 행동하지 않으면 재앙을 입는다.

天與不取 反受其咎

時至不行 反受其殃

공이란 이루기는 어렵지만 잃기는 쉽고, 때는 얻기 어려운 반면에 놓치
기는 쉽다.

— 사마천, 《사기》 회음후열전

:: 하늘이 장차 그 사람에게 큰 사명을 주려 할 때에는 그가 하고자 하는 일을 흔
들고 어지럽게 하나니, 그것은 타고난 작고 못난 성품을 인내로서 담금질하여 하
늘의 사명을 능히 감당할 만하도록 그 가족과 역량을 키워주기 위함이다(맹자).

## 말을 부드럽게 하되

• • •

말을 부드럽게 하되 방망이를 갖고 다녀라. 그러면 성공할 것이다.

―옛 아프리카 속담

:: 시어도어 루즈벨트는 이 속담을 즐겨 쓰면서 그대로 실천에 옮겼다. 그는 놀라
운 기억력을 지닌 왕성한 독서가로 언어 구사에 탁월한 재능을 보였다.

## 일에서 물러서고 몸 둘 곳을 찾으려면

• • •

일에서 물러서려거든 마땅히 그 전성기에 물러서야 한다.
몸 둘 곳을 찾을 때에는 의당 그다지 중요치 않는 한적한 곳에 두어야 한다.

謝事當謝於正盛之時
居身宜居於獨後之地

―《채근담》

## 큰 일을 행하려는 자는

• • •

"큰 일을 행하려는 자는 작은 일에 구애받지 않고 큰 덕을 이룬 자는 사양하지 않습니다. 작은 일에 구애되어 큰일을 잊는다면 훗날 반드시 화가 닥칩니다. 결단을 내려 과감하게 행동하면 귀신도 피해 가고 훗날 성공이 약속됩니다. 공자께서 결단을 하시기 바랍니다."

— 조고, 진시황 사망 직후 호해를 설득하는 말

## 물금태성(物禁太盛)

• • •

어떤 것도 너무 많아서 넘치는 것은 바람직스럽지 않다는 뜻(순자).

"신하의 위치로 보아도 지금의 나를 능가할 자는 없다. 부귀가 극도에 올랐다고 할 것이니 무엇이든 극점에 도달하면 쇠하게 되어 있다. 이제부터 나는 어떻게 되는 것인가?"

— 사마천, 《사기》 이사열전에서 이사의 탄식

## 남자가 해야 할 일

* * *

집을 짓고 나무를 심고 아들을 낳아라. 그리고 책을 써라.

— 유럽 속담

## 가까이 있는 인재 등용

* * *

큰 사업을 성공하기 위해서는 우선 가까이 있는 인재부터 등용하라.

— 사마천,《사기》연소공세가

## 적과 벗을 만들려면

* * *

적을 만들려거든 친구에게 이겨라. 벗을 만들려거든 친구가 이기게 하라.

— 프랑수아 드 라 로슈푸코(17세기 프랑스 작가)

157

## 파킨슨의 법칙

• • •

1. 일의 양과 직원 수 사이에는 아무런 관계가 없다.

2. 예산 심의에 필요한 시간은 예산액에 반비례한다.

3. 내각 및 각종 위원회 정원은 5명이 적당하며 20명을 넘으면 통제 불능
   상태에 빠진다.

4. 은퇴 연령 3년 전부터 개인의 업무 능력이 떨어진다.

5. 핵심 인물이 파티장에 도착하는 시간대는 파티가 시작된 지 45분 후다
   (파티장에서 사람들은 시계 방향으로 움직이며, 중앙보다는 양 측면을
   선호하고, 한 사람을 붙잡고 오래 얘기하는 사람은 중요한 사람이 아
   니다).

:: 1935년 영국 식민성 행정직원은 372명이지만 1954년에는 1,661명으로 늘어났
   다. 관리할 식민지가 줄어들었는데도 식민성 직원은 오히려 늘어났다. 이 모순
   된 현상에서 파킨슨의 법칙이 생겨났다.

## 린바오(林彪)의 처신 전략

• • •

1. 삼불주의(三不主義): 무슨 일이 있어도 마오쩌둥에게 책임지겠다고 큰
   소리 안 치고, 쓸데없는 건의 안 하고, 심기 상할 짓 안 한다.
2. 삼요주의(三要主義): 마오쩌둥이 한마디 하면 맞장구치고, 칭찬만 하
   고, 좋은 소식만 전한다.

## 미련한 자를 대하는 지혜

• • •

미련한 자의 어리석은 것을 따라 대답하지 말라. 두렵건대 너도 그와 같
을까 하노라. 미련한 자에게는 그의 어리석음을 따라 대답하라. 두렵건대
그가 스스로 지혜롭게 여길까 하노라.

— 〈잠언서〉 26장 4~5절

159

# 막히면 통한다

. . .

수레가 산 밑에 이르면 반드시 길이 있다.

車到山前必有路

—중국 속담

# 루즈벨트와 카네기의 인간관계 비법

. . .

**루즈벨트**

한 인간의 마음을 사로잡는 지름길은 그 사람이 가장 흥미를 느끼고 있
는 일에 관해 이야기하는 것이다. 시어도어 루즈벨트는 방문객을 맞을
때마다 그 전날 밤 늦게까지 그들이 특별히 관심을 갖고 있는 문제에 대
해 독서를 했다.

**카네기**

상대방의 관심사에 대해서 이야기하라.

## 용서

· · · ·

용서하는 사람만이 정복할 줄 안다.

— 코시모 데 메디치

## 토사구팽(兎死狗烹)

· · · ·

"하늘을 나는 새들이 모두 잡히면 좋은 활도 거두어들이고 날쌘 토끼가
모두 잡히면 사냥개는 참혹하게 죽이는 법입니다. 월나라 왕 구천은 목
이 길고 입이 검습니다. 나쁜 인상이지요. 어려움은 같이할 수 있어도 즐
거움을 함께할 수는 없는 사람입니다. 대부께서도 떠나는 것을 생각해
보십시오."

— 사마천, 《사기》 월왕구천세가(越王句踐世家)에서 범려가 친구 문종에게

:: 윗사람과 아랫사람의 이해관계가 일치하는 것은 성공하기까지다. 비정하기보
다는 그때그때의 상황이 인간관계를 결정하는 것이다.

## '예, 아니요'가 분명한 사람

• • •

'예, 아니요'를 분명히 하는 성격을 지닌 사람은 평생을 아웃사이더로서
그 사회의 주류에 반대하는 사람으로서 살게 된다.

—E. H. 카

## 절대 하지 말아야 할 것

• • •

당신이 틀렸다는 말은 절대 하지 말라. 비난하거나 단죄하거나 불평하지 말라.
언쟁하지 말라. 잘못을 신속하고 확실하게 인정하라.

—데일 카네기

## 성공이란

• • •

성공은 경이롭지만 추운 밤에 몸을 따뜻하게 녹여주지는 못한다.

—마릴린 먼로

## 총체적 위기의 해결

. . .

총체적 위기는 하나의 위기관리를 통해 줄줄이 해소되는 경우가 종종 있는 법이다. 테세우스의 경우도 그렇다.

—이윤기, 《그리스 · 로마 신화》

## 변명

. . .

"무슨 말을 들었다고 해서 즉각 대응할 것이 아니라 내가 남의 얘기를 많이 했기 때문에 그 과보로 남에게 또 이렇게 궂은소리를 듣는 모양이구나 하고 스스로 한 생각을 돌이키면 시간이 다 해결해 줍니다. 사실이 아니라면 굳이 변명할 필요가 없습니다."

— 법정스님

163

## 천 명의 아첨관과 바른말 하는 한 사람

● ● ●

천 마리 양의 가죽은 한 마리 여우의 가죽만 못하며 천 명의 아첨관은 바른말 하는 한 사람만 못하다.

— 사마천, 《사기》 상군열전

:: 바른말(쓴소리)은 마치 반대 되는 듯 들리지만 사실은 크게 밀어주는 것이다.

## 묵빈대처(默賓對處)

● ● ●

부처님은 묵빈대처하라고 가르칩니다. 침묵으로 물리쳐 대처하라는 것입니다. 그럼 스스로 사라질 때가 온다는 것입니다. 인간관계에서도 그렇습니다. 어떤 갈등이 있을 때 굳이 대응할 필요가 없습니다. 세월이 가면 다 풀립니다.

— 법정스님

## 남들 눈에 훌륭하게 보여라

실제로 훌륭한 일을 이룬 사람보다도 남들 눈에 훌륭해 보이는 일을 한 사람이 더욱 인정받는다. 때문에 열심히 노력하는 것 못지않게 남들에게 과시할 방법을 아는 것이 중요하다. 보이지 않는 성과는 이루지 못한 일이나 다름없다.

겉모습만을 보고 속아 넘어가는 신중하지 못한 사람이 세상에는 너무 많기 때문에 아무리 지혜로운 사람이라도 겉으로 보기에 그럴듯해 보이지 않으면 누구도 존경심을 표시하지 않는다. 정말 대단한 업적이라면 남들이 자연스럽게 알도록 꾸며라. 성공을 과시하고 사람들이 보는 앞에서 일을 실행하라.

— 발타자르 그라시안

## 지혜를 손안에 쥔 사람

...

지혜로운 사람은 자신의 결점을 결코 남 앞에서 드러내지 않는다. 아주
작은 허물로 인해 무너져버린 위대한 사람들이 역사에 너무도 많이 기록
되어 있음을 잊지 말라. 자신을 헐뜯는 사람들의 말에 귀를 기울여라. 그
들의 말이 옳든 그르든 그들의 비난은 일면적이나마 사실에 근거를 두고
있다. 서두르지 말고 큰 것부터 고쳐 나가라. 그러면 작은 결점들은 저절
로 없어진다.

— 발타자르 그라시안

## 군자가 삼가고 두려워하는 일

...

군자는 그 보이지 않는 곳을 삼가고 그 들리지 않는 곳을 두려워한다. 감
추어져 있는 것보다 더 드러나는 곳은 없고 미세한 일보다 더 뚜렷해지
는 것은 없기 때문이다.

—《중용》1장

## 지혜로운 사람이 거절할 때의 몇 가지 요령

1. 딱 잘라 거절하는 행위는 절대 피한다.
2. 상대방의 말을 주의 깊게 들으며 어떤 상황에서도 완전하게 거절하지 않는다.
3. 겸손한 자세와 따뜻한 말 한마디로 상대방을 위로한다. 상대는 자신이 거절당했다는 것조차 깨닫지 못하게 될 것이다.

## 길을 아는 것과 걷는 것의 차이

길을 아는 것과 그 길을 걷는 것의 차이는 엄청나다.

— 김영수(중국 전문가)

## 기다릴 때와 내어놓을 때

· · ·

무한한 능력을 안으로 간직하고 있을지라도 때가 이르기를 기다리라.

含章可貞

—《주역》

· · ·

때가 되어 마음이 발동될 때에는 걸리는 데 없이 그 마음을 내라.

應無所住 而生其心

—《금강경》

## 모든 사람의 마음을 사로잡으려고 하는 말

· · ·

모든 사람의 마음을 사로잡으려고 하는 말은 누구의 마음도 사로잡지 못
한다.

— 스티븐슨(미국 외교관)

## 진실을 말하지 않아도 되는 3가지 예외

● ● ●

1. 지식: 《탈무드》의 특정 구절을 아느냐는 질문을 받은 학자는 과시를 피하기 위해 모른다고 거짓말을 할 수 있다.
2. 환대: 어느 집의 손님 접대가 어떠했는지 질문을 받은 경우 "환대를 받았다"라고 거짓말을 할 수 있다.
3. 성과 관련된 거짓말: 부부의 성생활과 같은 질문을 받는 경우 거짓말을 할 수 있다.

—《탈무드》

## 푸성귀를 달게 씹을 수만 있다면

● ● ●

푸성귀를 달게 씹을 수만 있다면 세상 모든 일을 다 이룰 수 있다.

— 왕신민(汪信民, 중국 북송 시대 문인)

:: 《채근담》의 제목은 이 말에서 유래되었다.

## 《채근담》이 전하는 삶의 지혜

● ● ●

1. 매는 조는 듯이 서 있고 호랑이는 병든 것처럼 걷는다.

2. 뜻은 높게 하고 행동은 겸손하게 하라.

3. 약간의 부족을 수용할 줄 아는 여유를 가져라.

4. 일에서 물러서려거든 전성기에 물러서라.

5. 비나 눈이 오는 밤에 책을 읽으면 정신이 맑아진다.

—《채근담》

## 사지(四知)

● ● ●

"하늘이 알고 귀신이 알고 내가 알고 그대가 아는데 어찌 모르겠는가?"

天知地知我知子知

—《후한서》양진열전

:: 형주 지사 양진에게 지방관 왕밀이 몰래 찾아와 금 10근을 내놓으며 아무도 모
  를 것이니 받으라고 하자 양진이 한 말이다.

## 인간관계의 4가지 지혜

1. 자신의 의도를 훤히 드러내지 마라. 그보다는 남의 말에 귀 기울이는 사람이 되라.

2. 언제나 신비스러운 태도를 유지하라. 그러면 사람들이 당신에게 끌려든다.

3. 자신을 불가피하게 드러내야 할 때에도 전부를 드러내지는 말라.

4. 들려주어도 괜찮은 말이 있고 감추는 것이 나은 이야기도 있다. 어떻게 해야 할지 판단이 서지 않을 때에는 주의 깊게 다른 사람을 지켜보면서 기다려라.

— 발타자르 그라시안

## 제후와 상인

• • •

제후들이 생각에 잠긴 동안 상인들은 벌써 행동에 나선다.

—니체

171

## 5장

# '왜'를 품은 자는
# '어떻게'가 힘들지 않다

## 야심, 욕망, 소유, 인생

. . .

야심은 명성보다도 사람을 도취시킨다. 욕망은 모든 것을 꽃피게 하고,
소유는 모든 것을 시들게 한다. 인생은 살기보다는 차라리 꿈꾸는 것이
낫다.

셰익스피어의 희곡은 극장에서 상연되는 것보다 서재에서 상연될 때가
훨씬 아름답다.

— 마르셀 프루스트, 〈꿈꾸는 인생〉

## 희망은 땅 위의 길

. . .

희망이란 원래 있는 것이라 할 수도 없고 없는 것이라 할 수도 없는 것이
다. 이것은 바로 땅 위의 길과 같다. 사실 본래부터 땅 위에 길이 있었던
것이 아니다. 다니는 사람이 많아지면 길이 생겨나는 것이다.

— 루신, 《고향》

## 야망

...

야망은 강렬하지만 교활한 열정이며 한 사람의 행복과 건실한 성품을 빼앗기 쉽다.

— 베이츠(링컨 대통령 당시 법무장관)


## 우주의 영혼

...

꿈이 실현되기 전에 우주의 영혼은 꿈을 추구한 사람이 그동안 배운 모든 것을 시험한다.

— 파울로 코엘료,《연금술사》


## 꿈

...

"불가능을 꿈꾸어라."

— 세르반테스

## 궁핍한 사람

. . .

궁핍한 사람은 늘 정직하기가 어렵다. 빈 자루는 똑바로 세우기 힘들다.

— 벤저민 프랭클린

## 부자

. . .

부자가 되는 것은 존경받을 만한 일이다.

— 덩샤오핑

:: 《사기》의 화식열전에도 이러한 생각이 비친다.

## 잘못된 투자

. . .

잘못 투자하는 것보다는 아무것도 하지 않는 것이 낫다.

— 워렌 버핏

## 돈

●●●

"돈은 제6감과 같은 것으로 그것이 없으면 다른 감각을 완전히 이용할
수 없구나."

— 서머싯 몸, 《인간의 굴레》 중에서

## 금화가 소리를 내면

●●●

금화가 소리를 내면 욕설은 조용해진다. 돈으로 열리지 않는 문은 없다.
우물에 침을 뱉는 자는 언젠가 그 물을 마시지 않으면 안 된다.

— 유대 격언

## 많은 유산

●●●

많은 유산은 의타심과 나약함을 유발하고 비창조적인 삶을 살게 한다.

— 앤드류 가네기

175

## 경주 최부잣집의 원칙

\* 과거를 보되 진사 이상은 하지 말라.

\* 재산은 만석 이상 모으지 말라(풍년에도 만석 이상은 나누어 주었다).

\* 과객은 후하게 대접하라.

\* 흉년에 남의 논밭을 사들이지 말라.

\* 며느리는 3년 동안 무명옷을 입게 하라.

\* 사방 100리 안에 굶어 죽는 이가 없게 하라.

— 최준(경주 최부잣집 마지막 부자)

:: 재물은 분뇨와 같아서 한곳에 모아두면 악취가 나 견딜 수가 없고 골고루 사방
에 흩뿌리면 거름이 되는 법이다.

## 풍족한 창고

창고가 가득 차야 예절을 알고, 의식이 족해야 명예와 굴욕을 안다.

—《관자》

176

## 돈을 버는 방법

• • •

돈은 아무나 버는 것이 아니다. 머리를 굴려야만 돈을 벌 수 있다. 세상은 유수처럼 흐르고 변화하는 만큼 그에 따른 유행과 시세를 민첩하게 포착하는 아이디어를 내면 누구나 돈을 벌 수 있다.

— 사마천, 《사기》 화식열전

## 어느 일본 갑부의 재테크 5원칙

• • •

1. 남들이 살 때 팔고 남들이 팔 때 사야 한다.
2. 가난한 사람과는 사귀지도 말라.
3. 근검절약
4. 평생 공부하라.
5. 인내심을 가져라

— 이토야마 에이타로(일본의 부동산 재벌)

177

## 가난

• • •

가난은 부끄러운 게 아니지만 가난에 안주하는 것은 부끄러운 일이다.

— 페리클레스(고대 아테네의 정치가 · 군인)


## 빈부의 법칙

• • •

빈부의 법칙은 어느 누가 빼앗아 갈 수도, 줄 수도 없다. 지혜로운 자는
능히 부유해질 수 있고 어리석은 자는 곧 빈곤해진다.

— 사마천,《사기》화식열전


## 부자가 되는 조건

• • •

부자가 되는 것에 정해진 직업이 따로 있는 것도 아니고 재물에 주인이
정해진 것도 아니다.

— 사마천,《사기》화식열전

## 재물, 명예, 권세, 그리고 생명

° ° °

탐욕스러운 사람은 재물을 얻기 위해 죽고, 마음에 큰 뜻을 품은 사람은
명예를 위해 죽으며, 권세를 부리는 사람은 권세를 위해 죽는다. 그리고
보통 사람은 오직 자기의 생명만을 생각한다.

— 사마천, 《사기열전》 중에서 한나라 시인 가의의 말

## 시장의 속성

° ° °

시장은 언제나 탐욕과 두려움이 마치 시계추처럼 오가는 곳이다. 이 점
을 명심하라. 탐욕이 극으로 치닫는다면 돈을 벌 기회는 사라진다. 반면
두려움이 극에 달하면 새로운 투자의 기회도 싹트는 것이다.

— 로버트 멘셸(미국의 전설적 투자가), 《시장의 유혹, 광기의 덫》

## 얻기 힘든 재화

∙∙∙

얻기 힘든 재화는 사람의 행실을 짓궂게 훼방한다.

— 《노자》 12장

## 돈을 최고로 여기는 것

∙∙∙

나는 젊었을 때 돈을 최고로 여기는 것을 그렇게 경멸했다. 그러나 나이가 들면서 그 말이 진실이라는 것을 뼈저리게 깨달았다.

— 오스카 와일드

## 뜻밖의 횡재

∙∙∙

말은 저녁에 먹을 사료가 없으면 살찌지 못하고, 사람은 뜻밖의 횡재를 하지 않으면 부유해질 수 없다.

— 중국 격언

## 영웅이 실각한 이유

····

연전연승하는 한니발을 격파하고 로마를 포에니 전쟁의 수렁에서 구출한 로마의 영웅 스키피오 아프리카누스조차 사용처가 분명치 않은 500탈렌트의 돈을 추궁당하여 실각했다.

— 시오노 나나미, 《로마인 이야기》에서

## 조국에 대한 충정과 가난

····

조국에 대한 나의 충정은 나의 가난이 증명하고도 남는다.

— 마키아벨리

## 진실과 가난

····

내가 진실을 말하고 있다는 것은 나의 가난이 증명하고도 남는다.

— 소크라테스

## 4가지 적

···

두려움과 미신, 그리고 무지와 가난은 많은 사람들이 싸워보지도 않고
체념적으로 받아들이는 4가지 적이다.

— 나폴레온 힐,《당신 안의 기적을 깨워라》

## 진정한 성공

···

당신이 살다 간 덕분에 단 한 사람의 인생이라도 풍요로워진다면 그것이
진정 성공이다.

— 랄프 왈도 에머슨

## 성공의 3요소

···

세상에 공헌하겠다는 욕망, 특정 분야를 향한 열정, 명예와 부에 대한 갈망.

— 캐롤 드웩(스탠포드 대학교 심리학과 교수)

## 세상에서 가장 우아한 복수

. . .

배신의 아픔을 딛고 행운을 불러들이는 사람들은 배신자를 잊고 자기 길을 가는 것으로 복수를 한다. 세상에서 가장 우아한 복수다.
배신의 고통은 잊으려고 해서 잊히는 게 아니다. 자기 길을 가며 심취하는 과정에서 자연스럽게 잊히는 것이다. 그 과정에서 그릇이 더 커진다.

— 한상복 · 연준혁, 《보이지 않는 차이》

## 하늘이 사람을 낸 이유

. . .

사람은 누구나 타고난 재주가 있는 법이니 하늘이 나를 냈을 때에는 재능이 반드시 쓸 곳이 있을 것이고, 돈은 돌고 도는 것이라서 쓰고 나면 언젠가는 다시 내게 돌아온다.

— 이백

183

## 길

• • •

길이 없으면 길을 찾고, 찾아도 없으면 만들면 된다.

— 정주영

## 한걸음 물러서서 다시 시작하라

• • •

사나이는 자기가 어디로 가고 있는지 무엇을 하고 있는지 모를 때에는
한걸음 물러서서 다시 시작해야 한다.

— 영화 〈돌아오지 않는 강〉에서 로버트 미첨의 대사

## 승리자와 패배자

• • •

승리자로 가득한 세상보다 나쁜 것은 없다. 그나마 삶을 참을 만하게 만
드는 것은 패배자들이다.

— 볼프 슈나이더(Wolf Schneider, 독일의 언론인) 《위대한 패배자》

## 믿음에 의존하지 말고 힘을 가져라

● ● ●

상대가 배반하지 않을 것이라는 믿음에 의존하지 말고 스스로 상대에게
배반당하지 않게 힘을 가지도록 노력해야 한다.

— 한비자

## 대변약눌(大辯若訥)

● ● ●

가장 잘하는 말은 마치 더듬는 듯하다는 뜻.

— 노자

## 벼슬과 성깔

● ● ●

벼슬이 높으면 성깔도 커진다.

— 중국 속담

## 사람이 타고난 약점

. . .

잠을 자는 것과 욕정을 가진 것은 사람이 언젠가는 죽을 운명이라는 것
을 보여주는 증거다.
피로와 성욕은 사람이 타고난 약점이다.

— 알렉산드로스 대왕

## 질투

. . .

질투는 물을 안 주어도 잘 자라는 잡초.

— 코시모 데 메디치

## 교만

. . .

인간의 성품 가운데 가장 뿌리 깊은 것이 교만이다.

— 벤저민 프랭클린

186

## 고통

∘∘∘

처참할 때 행복했던 시절을 회상하는 것보다 더 큰 고통은 없다.

— 단테, 《신곡》

:: 우리는 보통 힘들고 어려울 때 행복하거나 즐거울 때를 떠올리며 마음의 위안

을 삼는다고 하나 이는 위선이다. 더 큰 고통만 안겨줄 뿐이다.

## 거울 탓

∘∘∘

제 낯짝이 삐뚤어진 주제에 거울만 탓한다.

— 러시아 속담이자 고골리의 소설 《검찰관》의 부제

## 간사한 사람

∘∘∘

품행이 바른 사람과 교제가 없다면 그 사람은 틀림없이 간사한 사람이다.

— 중국 속담

## 험담

• • •

푸젠(福建)에서 개가 짖으면 타이완의 개들이 화답한다. 서로 험담이나
해대는 우리는 개만도 못한 것들이다.

— 위유런(于右任, 중국 청말~민국 초기에 활동한 언론인)

## 시기와 질투

• • •

여자는 아름답든 못생기든 궁궐 안에 있기만 하면 질투를 받고, 선비는
어질든 어리석든 조정에 들어가기만 하면 의심을 받았다. 그래서 편작은
뛰어난 의술 때문에 화를 입었고 창공은 자취를 감추어 숨어 살았어도
형벌을 받았다.

— 사마천, 《사기》, 편작창공열전

## 잠을 방해하는 큰 원인

● ● ●

잠을 방해하는 큰 원인은 욕심이다. 물욕, 권세욕, 애욕, 거기에 따르는 질
투, 모략 이런 것들이 잠을 이루지 못하게 하는 수가 많다. 거지는 한국은
행 돌층계에서도 잠을 잘 수가 있다. 나는 면화를 실은 트럭 위에서 네 활
개를 벌리고 자는 인부를 본 적이 있다.

— 피천득, 《금아문선》 중에서

## 터럭만큼의 실수

● ● ●

터럭만큼의 실수가 천 리나 되는 엄청난 잘못을 초래한다.

失之毫釐 差以千里

— 사마천, 《사기》 태사공자서

### 지족(知足)의 훈계

...

지위에 너무 집착하면 생명이 단축되고 재산을 지나치게 많이 모으면 그
만큼 잃게 된다. 그 정도로 만족할 줄 알면 욕됨을 당하지 않으며 그만둘
때를 알면 위태롭지 않아 오래 살 수 있다.

— 노자

### 적당함의 지혜

...

너무 높은 지위에는 오르지 않는 편이 좋다. 최고의 자리에 올라가면 수
많은 함정이 도사리고 있다. 재능은 적당히 발휘하라. 지나치면 금방 한
계가 드러난다. 훌륭한 행동도 정도껏 하라. 지나치면 다른 이들의 시기
나 모함을 받는다.

—《채근담》

## 공짜와 타락

● ● ●

공짜로 도움을 받는 자의 절대 다수는 공짜만 바라고 타락한다.

— 카네기

## 내가 선택한 길

● ● ●

훗날에 훗날에 나는 어디선가 한숨을 쉬면서 이야기할 것입니다.
숲 속에 두 갈래 길이 있었다고.
나는 사람이 적게 간 길을 택하였다고.
그리고 그것 때문에 모든 것이 달라졌다고.

— 로버트 프로스트, 〈가지 않은 길〉 중에서

## 선택의 어려움

• • •

인간은 언제나 망설이는 존재이며, 항상 선택의 어려움에 직면해 있는
존재라는 것을 기억하라.

— 마르쿠스 아우렐리우스, 《명상록》

## 인간이란 모두 사형수들이다

• • •

사형! 그 순간부터 세상 사람들과 나 사이를 가로막은 칸막이 같은 것을
느끼게 되고 내 눈에 띄는 모든 것이 그전과 같은 모습이 아니었다. … 인
간이란 모두 집행기일이 확정되지 않은 사형수들이다.

— 빅토르 위고, 《사형수 최후의 날》

## 손님이 찾아오지 않는 집

• • •

손님이 찾아오지 않는 집은 천사도 찾지 않는다.

— 아랍 속담

## 조그마한 가게에

• • •

조그마한 가게임을 부끄러워하지 말고 그 조그마한 가게에 사람 마음의
아름다움을 가득 채우자.

— 다케모토 고노스케,《마지막 손님》

## 시련의 극복

• • •

바람이 세차게 불 때야말로 연 날리기에 가장 좋은 시기다.

— 마쓰시타 고노스케(일본 마쓰시타전기산업 창업자)

193

## 고난이 심할수록

● ● ●

풍파가 없는 항해 이 얼마나 단조로운가!
고난이 심할수록 내 가슴이 뛴다.

— 니체

## 인생길 험하구나(行路難)

● ● ●

바람 타고 파도 넘을 때가 반드시 있으려니
높은 돛 곧게 달고 너른 바다를 건너리라.

長風波浪 會有時

直挂雲帆 濟滄海

— 이백, 〈행로란(行路難)〉 중에서

## 권위

● ● ●

백발이나 주름살로 갑자기 권위를 가져올 수 있는 것이 아니다. 권위란
명예롭게 보낸 지난 세월의 마지막 결실이다.

― 키케로, 《노년에 관하여》

## 노예로 살지 않으려면

● ● ●

안락한 삶을 원한다면 그냥 무리 속에 머물러라.
비슷하게 보고 비슷하게 행동하는 것은 나약한 자들의 시각이다.
'왜'를 이미 소유한 자에게 '어떻게'는 전혀 힘들지 않다.
하루 중 3분의2를 자신을 위해 쓰지 않는 자는 노예로 전락한다.

― 안드레아스 드로스테크, 《경영은 죽었다》에서 니체의 말

## 명예

· · ·

명예를 좋아하는 자는 명예 때문에 망한다.

— 사마천,《사기》원앙열전

## 도와 권세

· · ·

도가 높아질수록 몸과 마음이 편안해지고 권세가 높아질수록 위태로워진다.

道高益安 勢高益危

— 사마천,《사기》일자열전

## 선의로 포장된 지옥의 문

· · ·

지옥의 문은 선의로 포장되어 있다.

— 사무엘 존슨

:: 좋은 뜻으로 한 일이지만 결과가 엉뚱하게 나왔다는 의미다.

## 피할 수 없는 재앙

····

하늘이 내린 재앙은 피할 수 있지만 스스로 내린 재앙은 피할 수 없다.

—《서경》

## 우직함

····

흐르는 물은 구덩이를 채우지 않고는 앞으로 나아가지 않는다.

流水之爲物也 不盈科不行

—《맹자》, 진심편

∷ 첩경에 연연하지 말고 우직하게 정도를 고집하라는 의미다.

## 동명상조 동류상구(同明相照 同類相求)

····

같은 빛끼리 서로 비쳐주고 같은 무리끼리 서로 찾는다는 뜻이다.

—《주역》

## 선행과 악행

· · ·

선행은 3년 계속해도 아는 사람이 적지만 나쁜 일은 하루만 해도 온 천하에 알려진다.

— 중국 속담

## 착한 사람과 악한 사람의 선행

· · ·

착한 사람이 악행을 하면 악행만 알고 선행은 기억하지 않는다. 악한 사람이 착한 일을 하면 착한 일만 기억한다.

— 중국 속담

## 권세나 이권 때문에 어울리게 된 사람

• • •

권세나 이권 때문에 어울리게 된 사람은 권세나 이권이 떨어지면 멀어
진다.

— 사마천, 《사기》, 정세가

## 비판이라는 바람

• • •

비판이라는 바람이 불어오지 않는 폐쇄적인 곳에서는 반드시 부패와 퇴
락이 태어나 거침없이 자란다. 비판은 바람이다. 이마를 시원하게 식히기
도 하고, 눅눅한 곳을 건조시키기도 하여 나쁜 균의 번식을 억제하는 역
할을 한다.

— 니체, 《인간적인, 너무나 인간적인》

## 인도의 우공이산(愚公移山), 다스라트 만지 이야기

· · ·

인도의 비하르 주 가흘로우르라는 마을에 다스라트 만지라는 사람이 있
었다. 하루는 그의 아내가 크게 다쳐서 목숨을 잃는 것을 보고만 있어야
했다. 그가 사는 곳은 험한 바위산 때문에 88km나 돌아가야 병원이 있는
오지였기 때문이다.

만지는 아내의 장례를 치르자마자 틈만 나면 망치 한 자루와 정 하나를
들고 바위산을 깨부수기 시작했다. 사람들이 아무리 말려도 듣지 않았다.
미쳤다는 손가락질에도 아랑곳하지 않았다.

1960년에 시작한 바위산 깨기는 22년간 계속되었고, 마침내 기적이 일
어났다. 드디어 만지는 길이 915m에 이르는 바위산 터널을 뚫은 것이
다. 이 덕분에 마을 사람들은 전보다 훨씬 빠르게 도회지로 갈 수 있게
되었다.

— 외신 보도 요약

## 바로 지금이다

●●●

지금이 바로 그때이지 그때가 따로 있는 것이 아니다.

卽時現今 更無時節

― 임제선사

## 내 생각에 충실한 삶

●●●

내가 무엇보다도 나 자신에게 요구하는 것은 내 생각에 충실하게 사는 것이다. 따라서 남들도 자기 생각에 충실하게 사는 것이 당연하다고 생각한다.

― 율리우스 카이사르

## 인간의 선택적 기억

• • •

제가 받는 것은 죄다 잊어버리고 섭섭했던 것만 기억하고 머릿속에 심어
두는 인간의 선택적 기억이 자아내는 상대적 박탈감은 악인일수록 더한
법이다.

— 안경환,《법, 세익스피어를 입다》

## 명예와 이익, 권세를 좇는 친구들

• • •

인격과 처지를 살펴 친구로 사귀었던 이들이 때로는 명예를 좇고 권세에
빌붙곤 할 때마다 제가 친구를 본 것이 아니라 오직 명예와 이익, 권세를
보았을 뿐임을 깨닫습니다.

— 연암 박지원, 홍대용에게 보낸 편지

## 세상에서 가장 바쁜 사람

• • •

일은 그것을 처리하는 데 쓸 수 있는 시간만큼 늘어나기 마련이다. 세상
에서 가장 바쁜 사람은 시간의 여유가 있는 사람이다.

— 파킨슨의 법칙

## 블랙스완의 법칙(검은 고니 효과)

• • •

예상치 않은 낮은 가능성이 전체에 영향을 주는 것. 정규분포곡선 밖에
있는 극단값 0.01%의 가능성이 세상을 뒤집어 놓는 현상이다.

## 깨진 유리창의 법칙

• • •

깨진 유리창을 방치해 두면 범죄가 생기고 강력 범죄를 부추기는 결과가
되듯 사소한 방치가 고객의 신뢰를 잃고 기업을 무너뜨릴 수 있다는 이
론과 실례를 말한다.

## 사람들이 보는 것

. . .

누구나 모든 현실을 볼 수 있는 것은 아니다. 대부분의 사람은 자기가 보고 싶어 하는 현실밖에 보지 않는다.

— 율리우스 카이사르

## 좁은 세상 이론(Small World Theory)

. . .

오늘을 사는 모든 사람들, 즉 68억의 인구는 여섯 단계만 거치면 전부 아는 사이로 연결된다.

## 생각과 행동

. . .

생각은 지구적(global)으로 하고 행동은 지역적(local)으로 하라.

— 실크로드 서역 상인들의 모토

## 인간 행동의 원동력

···

성욕과 허영심은 인간 행동의 원동력이다.

— 데이비드 흄(영국 철학자)

## 인간과 패배

···

인간은 파멸될 수 있을지언정 패배할 수는 없다. 인간은 패배의 존재가
아니다.

— 헤밍웨이

## 나를 알아주는 이

···

이 세상에 나를 알아주는 이(친구)만 있으면 하늘 끝에 있더라도 이웃과 같다.

海內存知己 天涯若比鄰

— 왕발, 임지로 떠나는 친구(두소부) 배웅시 중에서

## 열혈남아 오자서

· · ·

오자서가 만일 아버지를 따라 함께 죽었다면 땅강아지나 개미의 목숨과
무슨 차이가 있었으랴. 사소한 의리를 저버리고 큰 복수를 하여 이름을
후세에 남겼으니 너무도 감동적이다. 오자서가 길거리에서 구걸할 때 그
원수를 한시라도 잊은 적이 있었을까? 그러므로 참고 또 참아 만난을 이
겨내고 과업을 이루었으니 열혈남아가 아니고 그 무엇이랴.

— 사마천,《사기》오자서열전

:: 역사는 성공한 자의 이야기라지만 사마천의《사기》에는 실패한 사람들의 이야
기가 유난히 많다. 실패한 인생으로부터 역사적 의미를 발굴하여 그들이 현실
에서 당한 고난과 울분을 후세의 명예로 위로하고자 했다.

## 남이 모르게 하고 싶으면
. . .

남이 모르게 하고 싶으면 하지 않는 것보다 더 좋은 것이 없고
남이 듣지 못하게 하고 싶으면 말을 하지 않는 것만 한 것이 없다.

欲人勿知 莫如勿爲
欲人勿聞 莫如勿言

— 다산 정약용

## 생명력의 원천
. . .

심층(아알라식, Alaya-vij-nana) 속에 파묻혀 있는 온갖 정서, 욕정, 경
향, 주장, 이해관계 등이 파토스(pathos)적인 상태에서 포섭되어 있으며
이것들은 모여서 그 사람의 생명력의 원천이 된다. 즉 심층 속에 파묻혀
있는 무의식, 또는 잠재의식이 더 격정적으로 인간의 행위를 지배하게
된다.

— 어느 불교 시적에서

207

## 모든 것이 변하지(Todo Cambia)

• • •

피상적인 것도 변하고
심오한 것도 변하고
사람들의 사고방식도 변하고
이 세상의 모든 것이 변하지.

세월이 지나면 기후도 변하고
양치기도 양떼를 바꾸고
그렇게 모든 것이 변하듯이
내가 변하는 것도 이상하지 않아
가장 섬세한 보석도
사람들의 손을 거치며 빛을 잃고
작은 새도 둥지를 바꾸며
연인의 감정도 변하지.

그것이 고통을 주더라도

걷는 이는 목적지를 바꾸고

그렇게 모든 것이 변하듯이

내가 변하는 것도 이상하지 않아


변해, 모든 것이 변하지.

— 메르세데스 소사(Mercedes Sosa)

:: 메르세데스 소사(아르헨티나의 국민 가수)의 노래 〈모든 것이 변하지〉의 1절
가사이다.


## 서실(書室)의 진미

* * *

주머니가 비어야 서실의 진미를 아는 법이다.

— 조지훈

## 섭공호룡(葉公好龍)

...

겉으로는 좋아하는 듯하지만 실제로는 좋아하지 않는 것을 이르는 말이다.
초나라 귀족 가운데 섭공이라는 사람은 용을 무척 좋아해서 옷과 술잔,
방문 손잡이와 처마에도 화려한 용무늬를 새겨 놓을 정도였다. 어느 날
하늘 위에 사는 진짜 용은 우연히 섭공의 이런 마음을 알게 되자 감동하
여 인간 세상으로 내려와 섭공을 찾아갔다. 그러나 용을 눈앞에서 본 섭
공은 너무 놀라서 벌벌 떨다가 기절해 버렸다.

— 유향(중국 전한 말의 학자), 《신서(新序)》에서


## 물을 마실 때

...

물을 마실 때는 그 우물을 판 자를 생각해야 한다.

— 덩샤오핑·시진핑, 중국 속담을 인용해서 한 말

## 호모 비아토르

● ● ●

호모 비아토르(떠도는 인간)는 나그네 길에 머물 때 아름답다. 아르고
(Argo) 원정 대모험을 끝내고 이올코스에 정착한 그리스의 영웅 이아손
의 뒤끝은 이렇듯이 누추하다. 영웅은 머물지 않는다.

— 이윤기,《그리스 로마 신화 5》

## 어떻게 살아야 하는가에 대한 생각

● ● ●

사람들은 다른 사람이 어떻게 살아야 하는지에 대해서는 명확한 아이디
어가 있는 것같이 말한다. 정작 자신이 어떻게 살아야 하는지에 대해서
는 아무 생각이 없으면서 말이다.

— 파울로 코엘료,《연금술사》

## 수고의 가치

● ● ●

금양모피 역시 손에 넣는 수고에 비하면 하찮은 것이다.

— 오비디우스(로마 시대의 시인)

## 사람들은 저를 천재라고 하지만

● ● ●

"사람들은 저를 천재라고 부릅니다. 하지만 평소 제가 얼마나 연습하고
훈련하는지 곁에서 지켜본다면 저를 천재라고 부르지 못할 것입니다."

— 미켈란젤로

## 세상사의 법칙

● ● ●

한 번 일어난 일은 다시 일어나지 않는다. 그러나 두 번 일어난 일은 틀림
없이 세 번 일어난다.

— 아랍 속담

## 현재의 우리에겐

● ● ●

현재의 우리에겐 자기 언어가 없다. 날마다 우리들 귓가에 대고 떠들어 대는 정치인이나 지도층, 경제인, 혹은 연예인들이 뱉어버린 말을 씻지도 않고 그대로 입에 담고 있다.

— 법정스님, 〈세상이 너무 시끄럽다〉

## 운명과 맞서라

● ● ●

운명의 신(포르투타)은 여신이기 때문에 언제나 젊은이들에게 이끌린다. 젊은이는 신중함보다는 거칠고 난폭하게 여자를 지배하기 때문이다. 주저하지 말고 운명과 맞서라.

— 마키아벨리, 《군주론》

## 따라 짖는 개

···

한 마리의 개가 헛것을 보고 짖으면 백 마리의 개가 따라 짖는다.

— 중국 후한의 유학자 왕부가 지은 〈잠부론(潛夫論)〉 중에서

## 참으로 곧은 길

···

참으로 곧은 길은 굽어 보이며 길은 원래 구불구불한 것이다.

— 사마천,《사기》숙손통에 대한 평가

## 덕망이 있는 사람은

···

복숭아나무와 오얏나무는 스스로 말이 없지만 그 아래로 저절로 길이 난다.

挑李不言 下自成蹊

— 사마천,《사기》이장군열전

:: 덕망이 있는 사람은 가만히 있어도 사람들이 모여든다는 뜻이다.

## 광기

...

미쳐서 살다가 깨어서 죽었다.

— 돈키호테 묘비명

:: 가장 확고한 믿음은 광기가 될 수밖에 없다. 돈키호테의 광기를 눈치 채고도 그
를 떠나지 못한 산초처럼. 돈키호테는 시대의 격동기(위기의 시대)를 유연한 사
고와 변화를 두려워하지 않는 과감한 실천으로 헤쳐 나가 새 시대를 열었다.

## 화와 복

...

시비, 선악, 호오(是非, 善惡, 好惡)가 딱 갈라져 있다고 생각하는가? 그렇
게 생각한다면 호사다마니 전화위복이니 새옹지마니 하는 말들을 떠올
려볼 일이다. 화는 복이 기대는 곳이고, 복은 화가 숨어 있는 곳이다.

—《노자》 58장의 의역

## 열정의 중요성

· · ·

열정은 성공에 필요한 가장 핵심적인 요소이다. 그리고 사업의 회복을
위해서는 더욱더 핵심적인 요소이다. 열정은 삶에서 가장 중요한 것이자
성공에서 가장 중요한 것이다.

— 도널드 트럼프


## 용기를 버리기보다는

· · ·

용기를 버리기보다는 목숨을 버리겠다.

— 프랑스 외인부대 슬로건


## 참된 용기

· · ·

참된 용기는 남을 이기는 것이 아니라 자기를 이기는 것이다.

—《허당록(虛堂錄)》

## 진정한 용기

• • •

용기는 두려움이 없는 상태가 아니다. 진정한 용기란 두려움에도 불구하고 행동하는 상태이다. 찬란하게 빛나는 건 순간을 위해 생겨난 것이지만.

— 괴테,《파우스트》

## 신 앞에서도 굴하지 않는 인간의 용기

• • •

인간의 용기는 신의 권위에도 굴복하지 않는다. 환상 속에 고통을 만들며 자신을 저주하는 저 어두운 동굴 앞에서도 떨지 않는다.

— 괴테,《파우스트》

## 용기를 잃는다는 것

· · · ·

재물을 잃는다는 것은 어느 정도 잃는 것이다.
명예를 잃는다는 것은 많은 것을 잃는 것이다.
용기를 잃는다는 것은 모든 것을 잃는 것이다.

— 괴테

## 기적이란

· · · ·

기적은 믿음의 가장 사랑스러운 자식이다.

— 괴테,《파우스트》

## 만족

· · · ·

사람은 자기가 있는 곳에서는 만족하는 법이 없다.

— 생텍쥐페리,《어린 왕자》

## 치욕을 생각할 때마다

● ● ●

이 치욕을 생각할 때마다 하루에도 창자가 아홉 번이나 뒤틀리고 등줄기에 흐르는 땀으로 옷을 적시지 않는 적이 없었다. 그리고 집에 있어도 망연자실 넋을 잃고 무엇을 잃은 듯하며 집을 나서면 어디로 가야 할지를 몰랐다.

— 사마천, 〈임안에게 보내는 편지〉

:: 큰 꿈이 있기에 당장의 비굴함을 참는다. 이것이 진정한 용기다(袴下之辱).

## 다시 일어서는 풀

● ● ●

풀 위에 바람이 불면 풀은 반드시 눕는다.
누가 알랴, 바람 속에서도 풀은 다시 일어서고 있다는 것을.

—《시경》

## 이섭대천(利涉大川)

● ● ●

큰 내를 건넘이 이롭다는 뜻.

—《주역》

:: 모험과 도전 정신을 강조하기 위하여 《주역》이 자주 사용하는 표현이다. 즉 실
   천적인 모습이 중요하다는 의미로서, 기다림의 끝에서 마침내 때를 얻어 용감
   하게 대업을 성취하는 모습을 이른다.

## 겸손의 속성

● ● ●

겸손은 보통 사람에게는 하나의 미덕이지만 위대한 재능을 가진 사람에
게는 하나의 위선이다.

— 셰익스피어

## 목표

...

자신의 목표를 모두 달성한 사람은 목표를 너무 낮게 정한 사람이다.

— 허버트 폰 카라얀

## 꿈이 현실이 되려면

...

우리의 꿈은 모두 현실이 될 수 있다. 우리가 그 꿈을 추구할 용기만 갖고 있다면 말이다.

— 월트 디즈니

## 꿈을 닮는 사람

...

오랫동안 꿈을 바라보는 사람은 그 꿈을 닮아버린다.

— 러시아 속담

## 나의 세 가지 보물

• • •

나에게는 늘 간직하고 따르는 세 가지 보물이 있다. 첫째는 부드러움, 둘째는 단순하고 소박함, 셋째는 앞에 나서려고 하지 않는 태도이다.

— 노자

## 심하게 고독을 느낄 때

• • •

누구 한 사람 아는 사람 없는 군중 속을 헤치고 갈 때만큼 심하게 고독을 느낄 때는 없다.

— 괴테

## 미끄러운 얼음판

• • •

미끄러지기 쉬운 반질반질한 얼음판은 최고의 춤꾼에게 천국이다.

— 니체

## 길이 다하는 곳에

● ● ●

자고로 길이 다하는 곳에 새 길이 열린다.

— 신라 낭지대사

## 새로운 마음으로 세상을 보라

● ● ●

"새로운 마음으로 세상을 바라보아라. 두 차례 패배한 것은 하늘이 너를 단련시켜 영웅으로 만들려는 뜻이 아니겠느냐? 실패를 통해 너는 많은 것을 배우고 더욱 발전할 수 있을 것이다. 옛말에 아픈 만큼 성숙해진다고 하지 않았느냐. 일생 동안 내가 성숙했을 때는 바로 좌절하고 굴욕 당했을 때였다. 이를 악물고 뜻을 굽히지 않는 자세로 지혜를 키워나가야 할 것이다. 절대 용기를 잃어서는 안 된다."

— 증국번(曾國藩, 청나라 말기의 정치가), 연달아 전투에 패한 아우 증국전에게 보내는 편지

## 두려워해야 할 것

● ● ●

낯선 곳을 두려워하지 말고 익숙한 것을 두려워하라.

— 니코스 카잔차키스

## 마음에 이는 의심

● ● ●

마음에 이는 의심은 나그네의 옷에 내리는 가랑비와 같은 것이다.

— 이윤기,《그리스 · 로마 신화》

## 나는 진실과 빛에 사로잡힌 사람

● ● ●

나는 승리에 사로잡힌 사람이 아니라 오직 진실에 사로잡힌 사람이다.
나는 성공에 사로잡힌 사람이 아니라 내 안에 있는 빛에 사로잡힌 사람
이다.

— 링컨

## 나를 인정해 주는 한마디 말

•••

나를 인정해 주는 한마디 말로 두 달을 살아간다.

— 마크 트웨인


## 한순간의 판단

•••

한순간의 판단은 때로 평생의 경험과 맞먹을 만큼의 가치가 있다.

— 올리버 웬델 홈즈


## 유머의 가치

•••

유머는 인간의 두뇌활동 중 가장 탁월한 활동이다.

— 에드워드 드 보노

## 로마인의 최대 미덕

● ● ●

악덕을 근절하는 것은 인간의 본성을 무시한 위선이다. 균형 감각으로
규제하는 데만 성공하면 그런 위선에 호소하지 않아도 인간의 생활은 성
립된다. 로마인의 최대 미덕은 악덕의 근절이 아니라 절제였다.

— 시오노 나나미,《또 하나의 로마인 이야기》

## 살아가는 데 가장 중요한 것

● ● ●

살아가는 데 있어서 가장 중요한 것은 인내할 수 있는 의지다.

— 에픽테투스

## 단순한 생활

···

정말 중요한 일에 종사하는 사람은 생활이 단순하다. 그들은 쓸데없는
일에 마음을 쓸 겨를이 없기 때문이다.

— 톨스토이

## 해가 기울기 시작하는 때

···

해는 중천에 뜨면 그 순간부터 기운다.

— 사마천, 《사기》 주아부

## 차라리 혼자서 가라

···

나그네 길에서 자기보다 뛰어나거나 비슷한 사람들을 만나지 못했거든
차라리 혼자서 갈 것이지 어리석은 자와 길벗이 되지 말라.

—《법구경》

## 매 순간 이번이 마지막이라고 생각하라

...

내 사전에 다음 기회란 단어는 없다. 인간은 언제 죽을지 모른다. '다음 기회에' 하고 매사 넘겨버리기 쉽지만 정작 그 기회가 다시 찾아올지는 아무도 장담할 수 없다. 실제로 두 번 다시 기회가 오지 않는 일이 허다하다. 그런 까닭에 매 순간에 이번이 마지막이라고 생각하고 행동하면 인생의 순간순간이 선명하고 확실해진다.

— 오마에 겐이치

6장

# 가슴 속에
# 만 권의 책이 들어 있어야


## 쓰기의 시작

● ● ● ●

어디서부터 시작하고 어디서부터 손대면 좋을까 망설일 때 지금 그대는
무엇인가를 생각하고 있다. 그 생각나는 것에서부터 쓰기 시작하면 된다.

— 헨리 밀러

:: 의욕이 없어서 시작을 못하는 게 아니라 시작을 하지 않기 때문에 의욕이 생기
   지 않는 것이다. 감동적인 글을 쓸 수 없을 것 같은 두려움을 제거하는 가장 좋
   은 방법은 일단 한 문장을 쓰는 것이다.


## 여행과 글쓰기

● ● ● ●

내 소설의 대부분은 여행지에서 쓰여졌다. 풍경은 내게 창작을 위한 힌
트를 줄 뿐만 아니라 통일된 기분을 선사해 준다. 여관방에 앉아 있으면
모든 걸 잊을 수 있어 공상에도 신선한 힘이 솟는다. 혼자만의 여행은 모
든 점에서 내 창작의 집이다.

— 가와바타 야스나리(川端康成, 노벨상 수상 작가)

## 잘 쓰여진 여행기를 읽는 것

• • •

여행하면서 쓰고 쓰면서 여행한다. 여행이 나를 키웠다.

잘 쓰여진 여행기를 읽는 것은 자신이 직접 여행하는 것보다 훨씬 재미
있는 경우도 적지 않다.

나는 여행하는 동안에는 세밀하게 묘사하지 않는다. 대신 작은 수첩을
가지고 다니면서 그때그때 짤막하게 적어놓을 뿐이다. 일시, 장소, 이름
이나 여러 가지 숫자 같은 것은 잊어버리면 글을 쓸 때 현실적으로 곤란
하니까 자료로서 가능한 꼼꼼히 메모해 두는데 세밀한 기술이나 묘사는
될 수 있는 대로 기록하지 않는다.

대개 귀국해서 한 달이나 두 달쯤 지나고 나서 작업을 시작하는 경우가
많다. 그동안 가라앉을 것은 가라앉았고  떠올라야 할 것은 떠오른다. 그
러면 떠오른 기억만이 자연스럽게 이어져가는 것이다. 잊어버리는 것도
중요한 일이다.

— 무라카미 하루키

## 초고는 가슴의 느낌대로

• • •

초고는 가슴의 느낌대로 써라. 그런 다음 생각하면서 머리를 다시
써라.

— 영화 〈파인딩 포레스터〉 중에서

## 글을 쓰는 일

• • •

글을 쓰는 일은 온몸을 쥐어짜는 것같이 피를 말리는 일이지만 그 성취
감은 온 세상을 다 가진 것 같은 만족감입니다.

현실은 소설가의 상상을 능가한다는 말이 있습니다. 그 어떤 소설가의
상상이 아리랑의 끝 장면을 만들어낼 수 있습니까. 현실의 삶의 필연성
과 처절성은 늘 소설가의 상상력보다 깊고 넓은 파장을 일으킵니다. 소
설은 삶과 역사의 비장미를 쓰는 것입니다. 작가는 해결자가 아니라 제
시자여야 합니다.

— 조정래, 《황홀한 글감옥》

# 50년간 1,000여 베스트셀러 분석 결과

• • •

1. 종교적인 호소

2. 선정주의

3. 자기 개선의 동기

4. 개인적인 모험담

5. 선명, 발랄

6. 시의성

7. 유머나 눈물을 자극함

8. 환상

9. 성적 흥미 유발

10. 이국적 정취

— 프랭크 루더 모트(Frank Luther Mott, 미국 언론인)

## 사마천의 불굴의 정신

<sub>. . .</sub>

사마천은 절대권력 앞에서 몇 마디 삐끗한 죄, 즉 바른말 한 죄로 궁형에
처해졌던 비극적 인물이다. 그런 비극을 사기 저술로 승화시킨 그의 불
굴의 정신은 그 이후 암울한 시대에 많은 인물들에게 정신적 지주가 되
었다.

— 저자 메모

## 독자의 공감을 얻으려면

<sub>. . .</sub>

체험한 걸 써야 독자들의 공감을 얻을 수 있다. 문장은 철저한 체험과 깊
은 철학을 바탕으로 써야 한다. 법적인 관점은 인간을 보는 데 가장 큰 맹
점이다.

— 정을병

## 가장 쓰기 어려운 글
● ● ●

읽기 쉬운 글이 가장 쓰기 어렵다.

— 너대니얼 호손

## 사마천의 글 짓는 마음
● ● ●

어린아이가 나비 잡는 광경을 보면 사마천의 마음을 읽을 수 있어요. 앞
무릎은 반쯤 구부리고 뒤꿈치는 까치발을 하고 두 손가락은 집게 모양으
로 내민 채 살금살금 다가갑니다. 손끝이 나비를 의심하게 하는 순간 나
비는 그만 날아가 버립니다. 사방을 돌아보고 아무도 보는 사람이 없자
아이는 웃고 갑니다. 부끄럽고 한편 속상한 마음, 이게 사마천의 글 짓는
마음입니다.

—박지원,《사기》를 읽은 친지에게 쓴 편지

## 문장과 시

...

문장은 반드시 시대를 반영하기 위해서 써야 하고 시는 반드시 사실을
반영하기 위해 지어야 한다.

— 백낙청

## 자기 변명

...

구복(口腹)과 명리(名利)를 위한 변절은 말없이 사라지는 것이 좋다. 자
기 변명은 오히려 자기를 깎는 것이기 때문이다. 처녀가 아기를 낳아도
핑계가 있는 법이다. 그러나 나는 왜 아기를 배게 됐느냐 하는 그 이야기
자체가 창피하지 않은가?

—조지훈,《지조론》

## 지금의 나를 만든 것은

⁎ ⁎ ⁎

지금의 나를 만든 것은 하버드대도 아니고 미국이라는 나라도 아니고
내 어머니도 아니다. 내가 살던 마을의 작은 도서관이다. 100년이 지나도
200년이 지나도 결코 컴퓨터가 책을 대체할 수는 없다.

— 빌 게이츠

## 작가의 귀중한 자산

⁎ ⁎ ⁎

작가의 귀중한 자산은 불행한 어린 시절이다.

— 헤밍웨이

## 내 독서의 산물

⁎ ⁎ ⁎

오늘의 싱가포르는 내 독서의 산물이다.

— 리콴유

## 참다운 선비가 갖추어야 할 네 가지 조건

● ● ●

풍부한 학식, 비판 정신, 지조 있는 처신, 여유 있는 삶.

— 장을병

## 선비의 큰 절개

● ● ●

선비의 큰 절개는 오직 출처(出處) 하나에 달려 있다.

— 조식 남명

## 선비의 숙명

● ● ●

선비는 어질든 어리석든 조정에 나가면 의심을 받는다.

— 사마천

## 사마천을 생각하며 살다

• • •

온 생의 무게를 펜 하나에 지탱한 채 사마천을 생각하며 살았다.

—박경리

## 선비란

• • •

선비란 헤어진 지 사흘이 지나서 다시 만났을 때 눈을 비비고 대면할 정
도로 진보해야 한다.

—《삼국지》오서

## 글과 말의 부족함

• • •

글은 말을 담아내기엔 부족하고 말은 생각을 담아내기에 충분치 않다.

—《논어》

## 언어 능력의 한계

• • •

내 언어 능력의 한계가 곧 내 세계의 한계다. 생각도 지식도 어휘로 구성
되기 때문에 상상력의 한계는 곧 어휘의 한계다.

—비트겐슈타인

## 머리말과 후기의 의미

• • •

글쟁이에게 머리말과 후기는 양날의 칼이 될 수 있다.

— 시오노 나나미

## 고전

• • •

고전이란 사람들이 가득 칭찬을 늘어놓으면서도 막상 읽지 않는 책이다.

—마크 트웨인

## 지자(智者)의 금기

· · ·

지자가 자신이 안다고 하는 것을 내세워 수작(재주)을 부리지 않으면 세
상은 조용해진다.
무릇 지자로 하여금 섣불리 일을 벌이지 않도록 한다.

— 저자 메모

## 어느 길이 더 위대한 길인가

· · ·

이제 우리는 모두 각자의 길로 떠나야 할 시간이 되었습니다. 나는 죽음
의 길로, 여러분은 삶의 길로, 그러나 우리가 가는 길 중에서 어느 길이
더 위대한 길인가는 오직 신만이 알고 계십니다.

— 소크라테스, 사형선고를 받은 뒤 최후 진술 내용

## 평가는 후세에게 1

• • •

나의 뒤를 따르라. 그리고 평가는 후세 사람들에게 맡겨라.

— 단테, 《신곡》 연옥편

## 평가는 후세에게 2

• • •

그대의 길을 가라. 그리고 평가는 후세 사람들에게 맡겨라.

— 마르크스, 《자본론》 서문

## 진리라는 거대한 대양

• • •

나 자신은 바닷가에서 노는 소년이었다. 그 바닷가에는 진리라는 거대한
대양이 널리 펼쳐 있었다. 그 대양에서 내가 널리 볼 수 있었던 것은 내가
거인들의 어깨 위에 올라서 있었기 때문이다.

— 뉴턴

## 내 글에서 동기니 플롯 따위는 찾지 마라

• • •

이 이야기에서 어떤 동기를 찾으려고 하는 자는 기소할 것이며 이 이야기에서 어떤 교훈을 찾으려고 하는 자는 추방당할 것이다. 이 이야기에서 어떤 플롯을 찾으려고 하는 자는 총살당할 것이다.

— 마크 트웨인, 《허클베리핀의 모험》 첫머리 경고문

## 지식인 노릇 하기

• • •

"가을 등불 아래 책 덮고 역사를 회고하니 지식인 노릇 하기가 참으로 어렵구나."

— 매천 황현

## 난세와 수성

....

난세에는 용사가 필요하고 수성에는 학자(유생)가 필요하다.

— 숙손통(叔孫通, 중국 전한 초의 학자)

## 시대를 아파하지 않는 시

....

시대를 아파하고 세속에 분개하지 않는 시는 시가 아니며, 착한 것을 권
장하고 악을 징계하는 뜻이 담겨 있지 않은 시는 시가 아니다.

— 정약용

## 사대부가 사흘 동안 책을 읽지 않으면

....

사대부는 사흘 동안 책을 읽지 않으면 스스로 깨달은 언어가 무의미하고
거울에 비친 자신의 얼굴을 바라보기가 가증스럽다.

— 황산곡(중국 송대의 학자)

## 헤밍웨이의 문장 작성 철칙

● ● ●

1. 문장을 짧게 쓸 것. 특히 첫머리 문장이 짧아야 할 것.

2. 내용 있는 구체적인 문자이어야 할 것.

3. 적극적인 내용이어야 할 것.

4. 필요 없는 형용사는 생략할 것.

5. 틀에 박힌 문구를 사용하지 말 것.

:: 스탕달은 소설을 쓰는 데 간결한 표현을 익히고자 나폴레옹 법전을 열심히 읽
었다. 수식이 많은 문체는 진실하지 못하고 모호하게 위선에 빠지기 쉽기 때문
에 꼭 필요한 말만 기재한 법조문을 전략으로 삼았다.


## 오바마의 연설

● ● ●

오바마의 연설도 세 단어씩 짧게 떨어지는 문장들로 이루어졌다는 것을
명심하라.

— 신상훈, 《유머가 이긴다》 중에서

245

## 진정한 작가

• • •

진정한 작가란 그 어느 시대 그 어떤 정권하고도 불화할 수밖에 없다.

— 조정래

:: 정치의 횡포, 부패, 오류를 감시, 감독하여 진실을 말하기 때문이다.

## 연암 박지원의 문장

• • •

아버지의 초년 문장은 전적으로 맹자와 사마천의 《사기》에서 힘을 얻었
다. 그러므로 아버지의 문장에 기운이 펄펄한 것은 그 근본 바탕이 있음
을 알 수 있다.

— 박종채, 《나의 아버지 박지원》

:: 박지원의 글쓰기 기본은 '옛것을 본받으면서도 변통할 줄 알고 새로운 것을 창
조하면서도 능히 법도가 있어야 한다(法古創新)'라는 것이다.

## 우울한 마음을 풀 배출구가 없을 때

···

사람이란 우울한 마음을 풀 배출구가 없을 때 과거를 기록하고 미래를
꿈꾸며 명저를 써내는 것이다.

— 사마천,《사기》태사공자서

## 옛 사람의 문장

···

"자네는 이 비(碑)를 아는가? 이것은 옛 사람의 문장일세."

— 서유구

:: 독서와 사색이 축적되어야 좋은 문장이 나온다는 의미다.

## 진정한 감동

···

진정한 감동은 현실의 고단함 속에서만 만날 수 있다.

— 마루야마 겐지(일본 소설가)

## 500권의 책을 읽지 않고는

● ● ●

모든 예술은 모방으로 시작하되 그것을 넘어서야 한다.

500권의 책을 읽지 않고는 소설을 쓰려고 펜을 들지 말라.

좋은 글을 쓰고 못 쓰고는 단어를 얼마나 많이 아느냐의 여부로 결정된다.

좋은 소설을 쓴 작가는 그만큼 많은 단어를 안다는 증거다.

— 조정래

## '체(體)' 하지 말라

● ● ●

함정을 만들어 장님을 이끄는 체하다.

— 이규보, '문장 9계명'(시를 쓰는 데 좋지 못한 9가지 체를 경계한 글) 중에서

:: 좀처럼 뜻을 알기 어려운 글자를 써서 사람을 곧잘 미혹시키기를 좋아하는 것

을 이르는 말이다.

## 말보다는 글이 좋다

• • •

나는 많은 사람들 앞에서 말을 하는 게 싫다. 말을 하다보면 나도 모르게 삼천포로 빠져버리더라. 그날 모인 사람들의 분위기에 따라 내가 하려던 말에서 엉뚱한 방향으로 가버린 경우가 많다. 하지만 글은 그렇지 않다.

—법정스님

## 삶이 힘들다는 걸 깨달을 때

• • •

세상은 살기 힘들다. 살기 힘든 것이 심해지면 편한 곳으로 옮기고 싶어진다. 어디로 옮겨가도 역시 살기 힘들다는 걸 깨달을 때 비로소 시가 생기고 그림이 나온다.

— 나쓰메 소세키, 《풀베개》

## 단순함

● ● ●

어려운 용어를 풀어쓰는 것, 즉 단순함은 재능이다.

— 로버트 기요사키

## 큰 보시

● ● ●

책에 굶주린 사람에게 책을 빌려주는 것만큼 큰 보시는 없다.

— 이덕무

## 궁함에도 운명이 있다

● ● ●

궁함에도 운명이 있음을 알고 통함에도 시운이 있음을 안다.
큰 난리를 당해서도 두려워하지 않음이 성인의 용기다.

—《장자》외편 추수(秋水)

## 고봉-유맥(高鳳流麥)

* * *

독서삼매경에 빠지는 것을 이르는 말.

고봉(高鳳)이라는 선비의 아내가 닭들이 보리를 쪼아 먹지 않게 장대를
쥐어주면서 일하러 나간 사이 고봉은 책읽기에 열중하여 비에 보리가 떠
내려가는 것을 몰랐다는 고사.

—《후한서》일민전(逸民傳)

## 책을 어루만지기만 해도

* * *

비록 책을 읽을 수가 없다 하더라도 서재에 들어가 책을 어루만지기만
해도 기분이 좋아진다.

— 정조

## 가슴 속에 만 권의 책이 있어야

• • •

가슴 속에 만 권의 책이 들어 있어야 그것이 흘러 넘쳐서 그림과 글씨가
된다.

— 추사 김정희


## 인생의 제일 낙

• • •

맑은 창가에 책상을 깨끗이 정돈하고
향을 피우고
차를 달여 놓고
마음에 맞는 사람과 더불어 산수를 이야기하고
법서와 명화를 품평하는 것을
인생의 제일 낙으로 삼았다.

— 담헌 이하곤


252

## 진실을 안다는 것

....

진실을 안다는 것은 괴로운 일이다. 진실은 한 사람의 소유물일 수는 없고 이웃과 나누어야 할 생명인 까닭에 그것을 알리기 위해서는 글을 써야 했다. 그것은 언제나 어디서나 고통을 무릅써야 했다.

— 리영희, 《우상과 이성》 서문 중에서

## 독서광 세종

....

타고난 독서광인 세종은 눈이 짓누르고 현기증이 빈발하는 지경이 되었는데도 책을 놓지 않자 태종이 이를 크게 꾸짖었고 세종이 가지고 있는 책을 모조리 압수하였다. 그때 태종이 빠트리고 압수하지 못한 책이 송나라의 구양수와 소식이 주고받은 편지 묶음인 《구소수간》이었는데 세종은 밤낮으로 그 책만 하도 읽어 모조리 외울 지경이 되었다고 한다.
식사 중에도 책을 좌우에 놓았으며 잠자리에서도 책을 놓는 법이 없었다.

— 백지원, 《백성 편에서 쓴 조선왕조실록》

## 내가 인생을 알게 된 계기

●●●

내가 인생을 알게 된 건 사람들과의 접촉 때문이 아니라 독서했기 때문이다.

—아나톨 프랑스(노벨상 수상 작가)

## 독서로 푸는 슬픔

●●●

어떤 슬픔도 한 시간의 독서로 풀리지 않는 적은 없었다.

— 몽테스키외

## 소년 · 중년 · 노년의 독서

●●●

소년 시절의 독서는 돌에 글자를 새기는 것과 같다(읽으면 오래 남는다).

중년의 독서는 분필로 쓴 글씨다(쉽게 지워진다).

노년의 독서는 냇가에서 물위에 쓰는 글자다(남는 것이 없다).

—중국 속담

254

## 경탄과 외경으로 마음을 채우는 두 가지

• • •

그것에 대해서 자주, 그리고 계속해서 숙고하면 할수록, 점점 더 새롭고 점점 더 큰 경탄과 외경으로 마음을 채우는 두 가지 것이 있다. 그것은 내 위의 별이 빛나는 하늘과 내 안의 도덕 법칙이다.

— 칸트

## 위대한 아마추어들

• • •

학문이나 예술을 가장 진지한 열정으로 추구한 사람은 그 일 자체에서 중요한 의미를 찾는 사람, 그래서 순수한 애정으로 그 일에 매진하는 사람이다. 최고로 위대한 업적을 이룬 사람은 언제나 이런 아마추어들이었다. 생업으로 그 일에 종사하는 사람(돈 받고 일하는 사람), 즉 전문가가 아니었다.

— 쇼펜하우어

## 아직 읽지 않은 책

● ● ●

최고의 친구는 내가 아직 읽지 않은 책을 선물하는 사람이다.

— 링컨

## 위대한 아웃사이더들

● ● ●

17세기 위대한 물리학자 오토 폰 게리케는 원래 법조인이었다. 프랑스의
물리학자 드니 파펭은 의사였다. 피뢰침을 발명한 벤저민 프랭클린도 비
누제조업자의 아들로서 정규 교육을 받지 못했다. 전기를 발견한 갈바니
는 의사였다.

위대한 과학자 마이클 패러데이는 말편자 대장장이 아들로서 원래 제본
공이었다. 에너지 보존의 법칙을 발명한 마이어 역시 의사였다. 최초로
전신기를 만든 토마스 뢰머링은 해부학 교수였다.

전신부호를 발명한 사무엘 모스는 화가였다. 산스크리트어를 최초로 정
확히 번역한 윌리엄 존스는 동양학자가 아니라 벵골의 재판장이었다. 상

256

형문자를 최초로 해독한 그로텐벨트는 고전문헌학자였고 그 뒤를 잇는
헨리 롤린슨은 군 장교이자 정치가였다.

이집트 상형문자의 첫발을 내디딘 토마스 영은 의사였고 이를 완수한 샹
폴리옹은 역사학 교수였다. 페르가몬을 발굴한 칼 후만은 철도 기술자였
다. 트로이와 미케네를 발굴한 슐리만은 사업가였다.

수단이 순수하다면 자격보다 중요한 것은 결과가 아닐까. 우리는 아웃사
이더들을 고맙게 생각해야 한다.

― C. W. 체람, 《낭만적인 고고학 산책》

## 성공한 아웃사이더

● ● ●

성공한 아웃사이더에 대한 전문가의 불신은 일반인이 천재에게 보내는
불신과 같다. 안정된 인생행로를 걷는 사람들은 자신이 속한 분야에 얽
매이지 않고 영역을 넘나드는 사람들을 멸시한다.

― C. W. 체람, 《낭만적인 고고학 산책》

## 와인버그 법칙

. . . .

전문가란 작은 실수는 하나도 범하지 않고 결정적인 큰 잘못을 범하는
사람이다.

## 전인미답의 거대한 보고

. . . .

지중해 바닥은 고대의 정보와 현대의 모험이 가득 축적되어 있는 전인미
답의 거대한 보고이다. 그 깊은 바다 속에는 청동으로 만들어진 신과 영
웅들이 아직도 잠들어 있다.

—스티븐 버트먼(Stephen Bertman), 《낭만과 모험의 고고학 여행》

## 유언(流言)과 지자(智者)

. . . .

유언은 지자에게서 멈춘다.

—순자

## 디오게네스의 조의조식(粗衣粗食)

● ● ●

디오게네스가 시냇가에서 푸성귀 씻는 것을 본 유복한 친구 아리스티포스가 안타깝다는 듯 말했다.

"고개 수그리는 법을 조금만 알아도 호의호식할 수 있는 것을…."

그러자 디오게네스가 대답했다.

"조의조식(거칠게 먹고 험하게 입는다는 뜻) 하는 법을 조금만 알면 고개를 숙이고 알랑방귀는 뀌지 않아도 되는 것을…."

— 이윤기, 《무지개와 프리즘》 중에서

## 자유와 사랑

● ● ●

"자유와 사랑 이 두 가지가 내게는 꼭 필요하네. 사랑을 위해 내 삶을 바치네. 자유를 위해 내 사랑을 바치리라."

— 산드로 페퇴피(헝가리의 시인이자 혁명가)

## 흔하게 저지르는 실수

· · ·

오늘날 우리들이 흔하게 저지르는 실수는 이 세상에서 발견될 만한 것은
모두 발견되었다고 믿는 것이다.

—어도건 어시번

## 지식인을 무시한 마오쩌둥

· · ·

마오쩌둥은 지식은 존중했지만 지식인은 무시했다. 그 정도는 선비의 모
자에 소변을 봤던 한고조 유방보다 더하면 더했지 덜하지 않았다.
거지 근성 강하고, 고마워할 줄 모르고, 남 핑계 대기 좋아하고, 정확히
알지 못하고는 주제에 온갖 잘난 척은 다 하고, 무책임하다는 이유였다.

— 김명호 《중국인 이야기》

## 창백한 지식인

...

창백한 지식인, 무기력한 지식인이라는 말을 우리는 가끔 듣는다. 평소에는 온 세상을 주름잡듯 큰소리 떵떵 치던 그 지식인이 어떤 상황 앞에서는 찍소리 하지 못하고 비슬비슬 주저앉는다. 막상 그 행동이 요구될 때 그는 움츠러들고 만다. 지식이 이런 것이라면 그게 뭐 대단하단 말인가? 용기 있고 바람직한 행동은 이론에서 나오지 않는다. 이러한 작용은 신념에서만 나올 수 있다. 그런 신념은 따지고 쪼개는 불멸의 지식에서가 아니라 무분별의 지혜에서 저절로 우러난다.

—법정스님,《서 있는 사람들》

:: 역사상 지식인의 고질병은 항상 백성들의 무지를 탓하며 뜬구름 같은 세계만을 읊조리는 것이다. 그들의 지식과 지혜는 세상의 불빛이 되지 못했다. 오히려 백성들의 바른 분별력을 가리는 존재였다.

유주대에 올라

. . . .

앞에서는 옛 사람을 뵐 수 없고
뒤로는 올 사람 볼 수가 없다네.
천지의 무진무궁함을 생각하다가
나 홀로 슬픔에 젖어 눈물 흘린다.

前不見古人
後不見來者
念天地之悠悠
獨愴然而涕下

— 진자앙(陳子昻, 중국 당나라의 군인 · 문장가)

:: 회재불우(懷才不遇, 재주와 능력을 갖추었지만 시대를 만나지 못한 지식인)의
  지식인에게 와 닿는 작품이다.

## 책이 탐탁지 않게 느껴지는 이유

● ● ●

근래 책이 탐탁지 않게 느껴지는 이유 중 하나는 그 안에 담긴 내용들이 더러는 시시콜콜한 소음으로 들리어 내 안에서 우러나오려는 생생한 목소리와 맑은 사유의 길을 가로막는 것 같아서이다.

— 법정스님

## 기존 학자들이 쌓은 철옹성

● ● ●

기존의 학자들은 새로운 사실을 받아들이려 하지 않는다. 자기가 알고 있는 것만 진실로 여기면서 학생들을 가르쳐온 사람들이니까. 진실을 담보로 누리고 있는 기득권을 절대로 포기하지 않을 것이다. 그들은 자신들을 안온하게 감싸고 있는 철옹성이 깨지는 것을 결코 반기지 않는다. 경우에 따라 자신들이 수십 년, 아니 전 생애를 걸쳐 쌓아온 것들이 종잇장이 되고 말 테니까.

— 이상훈, 《한복 입은 남자》

## 황천이 내려준 아름다움을 저버리지 않기 위해

...

나는 죽어야 할 의리는 없지만 다만 국가가 선비를 기른 지 500년이나
되었는데 나라가 망하는 날 한 사람도 이 난국에 죽지 않는다면 오히려
애통하지 않겠는가. 나는 위로 황천이 내려준 아름다움을 저버리지 않기
위해 길이 잠들고자 하니 진실로 통쾌한 줄 알겠다.

—매천 황현, 자결 유서

## 만년을 더욱 힘쓰라

...

차돌이 바람이 들면 백리를 간다는 우리 속담이 있거니와 늦바람이란 참
으로 무서운 일이다. 아직 지조를 깨뜨린 적이 없는 사람은 만년(晚年)을
더욱 힘쓸 것이니 사람이란 늙으면 더러워지기 마련이기 때문이다. 아직
철이 안 든 탓으로 바람이 났던 이들은 스스로의 후반을 위하여 번연히
깨우치라.

— 조지훈, 《지조론》

## 임금 사랑하기를

임금 사랑하기를 어버이 사랑하듯 했고
나라 걱정하기를 집안 걱정하듯 했네.
하늘의 해가 이 땅에 임하니
나의 진정 밝게 밝게 비추리.
愛君如愛父
憂國如憂家
白日臨下土
昭昭照丹衷

— 정암 조광조의 절명시(絶命詩)


## 정신은 깨지지 않는다

그릇은 깨질지 몰라도 거기에 담긴 정신은 깨지지 않는다.

— 달라이라마

## 대장부의 기상

· · ·

대장부는 하늘을 찌르는 기상이 있기에 부처와 여래가 가는 길이라 해서
따라 가지 않겠다.

丈夫自有衝天志 不向如來行處行

—선가에 전해오는 말

:: 진리를 탐구하는 사람에게는 이런 기상이 있어야 한다. 옛길을 따르지 말라. 오
   직 너의 길을 가라.

## 성상의 성심이 지극하지 못합니다

· · ·

강원도에는 서리가 오고 눈이 내려 보리가 얼어 죽었다고 하고 여러 변
화가 나타나고 겹쳐서 끝이 없습니다. 신의 생각으로는 성상께서 성심이
지극하지 못하여 그런가 싶습니다.

— 이자건, 중종 12년 4월 4일 조강에서 임금 면전에서 한 직언

## 전하의 국사가 이미 잘못되었습니다

∙∙∙

전하의 국사가 이미 잘못되고 나라의 근본이 이미 망하여 천의가 이미
떠나갔고 민심도 이미 떠났습니다. 비유하자면 마치 일백 년 된 큰 나무
에 벌레가 속을 갈라먹어 진액이 다 말랐는데 회오리바람과 사나운 비가
언제 닥쳐올지를 전혀 모르는 것과 같이 된 지가 이미 오래입니다.

— 남명 조식,《명종실록》

## 선비란

∙∙∙

선비란 본디 빈천한 사람이라 자기의 말이 용납되지 않고 자기를 지키는
도가 통하지 않으면 신들을 메고 가버리면 그만입니다. 어디 가면 가난
하고 천한 것이야 얻지 못하겠습니까?

—조지훈,《지조론》

## 패배를 거듭해도 승리자인 이유

• • •

조선의 운명처럼 내 삶은 패배의 연속이지만 그런데도 투쟁을 포기하지
않는다는 점에서는 승리하고 있다.

—김산(님 웨일즈),《아리랑의 노래》

## 장수는 빼앗아도 필부의 뜻은 빼앗을 수 없다

• • •

삼군을 지휘하는 장수를 빼앗을 수는 있어도 이름 없는 사람의 마음속
뜻을 빼앗을 수는 없다.

—《논어》

3부

언제 삶이
위기 아닌 적이 있었던가

7장

# 마음, 마음, 마음이여,
# 알 수 없구나

## 쉽게 씌여진 시

• • •

인생은 살기 어렵다 하는데
시가 이렇게 쉽게 씌여지는 것은
부끄러운 일이다.

— 윤동주, 〈쉽게 씌여진 시〉 중에서

## 바람은 소리를 남기지 않는다

• • •

대나무 숲을 헤치며 불어온 바람은 지나간 뒤에 소리를 남기지 않는다.
찬 연못 위를 날아가는 기러기는 연못에 그림자를 남기지 않는다. 고로
군자는 일이 닥치면 마음을 다해 대처하지만 일이 지나고 나면 그에 집
착하지 않고 마음을 비운다.

— 《채근담》

## 분노

● ● ●

해가 질 때까지 분노를 품고 있지 말라.

— 〈에베소서〉 4장 26절

## 하루의 괴로움

● ● ●

하루의 괴로움은 그날로 족하다.

— 〈마태복음〉 6장 24절

## 고통이 싫다면

● ● ●

고통이 싫다면 고통 그 자체가 되라.

— 릴케, 오르페우스에게 바치는 소네트

## 걱정을 피하고 싶을 때
● ● ●

1. 오늘에 충실하게 생활하라.
2. 미래의 일로 조바심을 내지 말라.
3. 잠들기 전까지 그날 하루만 살라.

— 데일 카네기

## 과거사나 미래에 대한 근심 걱정
● ● ●

한번 가버린 과거사나 아직 오지 않는 불확실한 미래를 두고 근심 걱정
하지 말라. 우리는 지금 여기서 이렇게 산다. 선은 현재를 최대한으로 사
는 가르침, 순수한 집중과 몰입으로 자기 자신을 마음껏 살리는 길이다.

— 법정스님

## 질투심

● ● ●

많은 위인들에게서 삶의 즐거움을 빼앗아가는 것은 질투심이다.

— 울프 슈나이더

## 불행이란

● ● ●

불행은 언젠가 내가 소홀히 보낸 시간들이 나한테 가하는 복수다.

— 나폴레옹

## 모든 고통의 원천

● ● ●

기대야말로 모든 고통의 원천이다.

— 셰익스피어

:: 기대야말로 초조, 우울, 실망, 고통의 원천이다. 기대를 낮추거나 아예 하지 않
으면 인생이 행복해진다.

## 생각한 대로 살지 않으면

...

생각한 대로 살지 않으면 사는 대로 생각하게 된다.

— 폴 발레리(시인)

## 근심해야 할 것

...

부족한 것을 근심하지 말고 고르지 못한 것을 근심하며, 가난한 것을 근심하지 말고 자신의 분수에 안주하지 못하는 것을 근심하라.

—《논어》

## 긍정적으로 생각하라

...

언제 어디서나 모든 것을 긍정적으로 생각하라. 그러면 그가 서 있는 자리마다 향기로운 꽃이 피어나리라.

— 임제선사

## 지족(知足)

...

만족할 줄 모르는 사람은 부유한 것 같지만 사실은 가난하고 만족할 줄 아는
사람은 가난한 것 같지만 사실은 부유하다. 이것을 가리켜 지족이라 한다.

—《유교경(遺敎經)》

## 사람이 불행한 이유

...

사람이 불행한 것은 이미 지나가버린 묵은 생각에 갇혀 있기 때문입니
다. 억울하고 분한 원망의 생각에 갇혀서 두고두고 스스로에게 피해를
입히는 것입니다. 그래서 그 가슴에 멍이 들고 가시가 돋치게 됩니다. 묵
은 수렁에 갇혀서 자기 자신을 순간순간 무가치한 일로 죽이지 마십시
오. 한 생각 크게 돌이켜서 따뜻하고 향기로운 본래의 가슴으로 돌아가
야 합니다.

— 법정스님

275

## 행복은 세상을 바라보는 긍정적인 틀

. . .

행복은 세상을 바라보는 긍정적인 틀이다. 긍정적인 생각 없이 우리는 어느 한순간도 행복해질 수 없다. 많은 것을 가지고 있으면서도 행복해 하지 못하는 사람이 있는가 하면 아무것도 가지고 있지 않지만 행복한 사람들이 있다.

힘들다는 말이 있다. 힘이 들어 죽겠다고 해석하는 사람도 있지만 힘이 들어온다고 생각하는 사람도 있다. 힘이 몸 안에 들어오니 당연히 몸이 잠시 피곤하고 무거울 수밖에 없다고 생각하는 것이다.

그리고 "짜증난다"는 말을 "짜증이 나간다"라고 해석할 수 있는 행복의 포로가 되라.

세상 어디에도 행복은 없지만 누구의 가슴에도 행복은 있다는 말이 있다. 결국 마음의 행복을 끄집어내는 데는 긍정적인 해석밖에 없다는 의미다.

—《마음을 다스리는 글》 중에서

## 사람들이 행복하지 못한 이유

•••

사람들이 행복하지 못한 것은 그 행복을 목표라고 믿기 때문입니다. 진정한 행복은 먼 훗날에 이를 목표가 아니라 지금 이 순간에 존재하는 것입니다. 행복은 은퇴하고 자식들 키워 다 결혼시킨 이후 나이 들어 시골에 집이라도 한 채 마련한 다음에 오는 것이 아닙니다. 내일 일은 아무도 알지 못합니다. 행복은 미래의 목표가 아니라 현재의 선택입니다. 지금이 순간 행복해지기로 선택한다면 우리는 얼마든지 행복해질 수 있습니다. 모든 것은 마음먹기에 달려 있습니다. 행복의 첫째 비결은 다른 사람과 자신을 비교하지 않는 것이며 자신이 좋아하는 일을 하는 것입니다. 행복은 집과 채소밭을 갖는 것입니다.

— 법정스님,《법문집》

## 소박한 행복 세 가지

• • •

내 삶을 이루는 소박한 행복 세 가지는 스승이나 벗인 책 몇 권, 나의 일손
을 기다리는 채소밭, 그리고 오두막 옆 개울물 길어다 마시는 차 한 잔이다.

— 법정스님, 《아름다운 마무리》

## 행복과 재물, 명예

• • •

당신이 행복하지 않다면 집과 돈과 이름이 무슨 의미가 있겠는가? 그리
고 당신이 이미 행복하다면 그것들이 또한 무슨 의미가 있겠는가?

— 라마크리슈나

## 하쿠나 마타타

• • •

하쿠나 마타타('걱정하지 마, 잘될 거야'라는 뜻의 스와힐리어).

— 영화 〈라이언 킹〉 중에서

## 행복한 삶을 사는 다섯 가지 원칙

● ● ●

1. 지난 일에 연연하지 않는다.

2. 사람을 미워하지 않는다.

3. 작은 일에 화내지 않는다.

4. 현재를 즐긴다.

5. 미래는 신에게 맡긴다.

— 괴테

## 지족자부(知足者富)

● ● ●

만족할 줄 아는 사람은 넉넉하다는 뜻.

없으면 걸림 없이 노닐며 삶을 누릴 수 있다. 맹자는 지족자를 대장부라
했다. 만족할 줄 모르면 재벌도 가난뱅이나 마찬가지다.

— 윤재근,《편하게 만나는 도덕경》

## 마음으로 보라

...

"마음으로 보아야 하는 거야. 근본적인 것은 눈에 보이지 않는 법이란다."

— 생텍쥐페리,《어린 왕자》중에서

## 가던 길을 멈추고

...

가던 길을 멈추고 노을 진 석양을 바라보며 감탄하기에 가장 적당한 순
간은 그럴 시간이 없다고 생각하는 바로 그 순간이다.

— 어니 젤린스키,《느리게 사는 즐거움》

## 천국에 가려면

...

천국에 가는 유효한 방법은 지옥에 가는 길을 숙지하는 것이다.

—마키아벨리

## 보왕 삼매론의 10가지 지혜

●●●

1. 몸에 병 없기를 바라지 말라.(念身不求無病)

2. 세상살이에 어려운 일이 없기를 바라지 말라.(處世不求無難)

3. 공부하는 데 마음에 장애가 없기를 바라지 말라.(究心不求無障)

4. 수행에 마(魔)가 없기를 바라지 말라.(立行不求無魔)

5. 일을 도모함에 쉽게 되기를 바라지 말라.(謀事不求易成)

6. 사람을 사귐에 있어 내가 이롭기를 바라지 말라.(交情不求益我)

7. 남이 내 뜻대로 순종해 주기를 바라지 말라.(於人不求順適)

8. 덕을 베풀되 대가를 바라지 말라.(施德不求望報)

9. 이익을 분에 넘치게 바라지 말라.(見利不求霑分)

10. 억울한 일을 당했을 때 해명하려고 하지 말라.(被抑不求申明)

— 묘협(妙叶),《보왕삼매염불직지》

## 마음만 먹으면

. . .

두 사물을 같은 것으로 보려고 마음먹는다면 어떤 것에서도 비슷한 점을
발견하고야 말 것이다.

— 나가르주나 용수(대승불교 지도자)


## 마음을 비우라

. . .

고귀한 진리는 아주 평범한 가운데 깃들어 있고 지극히 어려운 문제는
가장 평이한 곳에서 그 해결의 실마리가 있다. 그러므로 일부러 의도하
면 오히려 멀어질 것이요, 마음을 비우면 저절로 가까워지리라.

—《채근담》

## 부단히 새로워진다

• • •

궁하면 변하고 변하면 통하고 통하면 오래 간다. 그러나 다시 위기가 온다.

窮則變 變則通 通則久 久則窮

—《주역》

:: 변화의 철학: 변화를 사전에 읽어냄으로써 대응할 수 있고 또 변화 자체를 조직
함으로써 적극적으로 대처할 수 있다.

## 옛 사람의 가르침

• • •

입 안에 말이 적고, 마음에 일이 적고, 배 속에는 밥이 적어야 한다는 옛
사람의 가르침을 나는 잊지 않으려고 한다.

— 법정스님

## 죽은 사람이 다시 살아와도

. . .

옛 사람의 말에 죽은 사람이 다시 살아와도 마음에 부끄러움이 없도록
해야 한다고 했다.

— 다산 정약용

## 인생의 진실

. . .

"인생은 영화(소설) 속 세계와는 달라. 인생은 훨씬 더 힘겨워."

— 영화 〈시네마 천국〉 중에서

## 내면과 태도

. . .

나의 내면이 나의 외면을 결정하고 나의 태도가 현재의 나를 만든다.

As within, so without.

— 헤르메시아넥스(Hermessianex, 고대 그리스의 시인)

## 나와 남을 향한 책망과 용서

● ● ●

남을 책망하는 마음으로 나를 책망한다면 허물이 적을 것이요, 나를 용서하는 마음으로 남을 용서한다면 사귐을 온전히 할 수 있다.

—《명심보감》

## 위기의 삶만이

● ● ●

언제 삶이 위기 아닌 적이 있었던가.
위기의 삶만이 꽃피는 삶이다.

— 이기철(시인)

## 소이부답(笑而不答)

• • •

웃을 뿐 대답이 없다는 뜻.

:: 중국 당나라의 시인인 이백의 〈산중문답(山中問答)〉에 나오는 말로 속세를 떠난 이상향의 경지를 이른다.


## 아무렇게나 내뱉은 말 한마디

• • •

홧김에 아무렇게나 내뱉은 말 한마디는 지옥의 불덩이처럼 주위 사람들의 마음을 황폐하게 만든다. 남들에게 인정받는 사람이 되기 위해서라도 감정을 조절하는 방법을 알고 있어야 한다.

— 발타자르 그라시안

## 생각과 마음

...

생각은 항상 전쟁에 나가는 날같이 하고 마음은 언제나 다리를 건너는
때처럼 지닐 것이다.

—《명심보감》

## 나무늘보가 우리에게 주는 교훈

...

느긋하고 여유 있는 사고방식, 삶의 방식. 슬로소피(pslothophy).

—스지 신이치, 《슬로 라이프(Slow Life)》

## 보지 않고 듣지 않아도 될 일

...

보지 않고 듣지 않고 알지 않아도 될 일에 우리는 얼마나 많은 시간과 정
력을 낭비하고 있는가.

— 법정스님

## 단 한 번뿐인 삶이기에

• • •

우리가 산다는 것은 그때 단 한 번뿐인 새로운 삶이다. 이 한 번뿐인 새로운 삶은 아무렇게나 내동댕이칠 수가 없다.

— 법정스님, 《맑고 향기롭게》

## 후회

• • •

사람은 시도한 것을 후회하는 경우보다 시도하지 않는 것에 대해서 후회하는 경우가 더 많다. 결국 사람은 모두 마음속에 울분이 맺힌 바 있어 그것을 발산시킬 수 없기 때문에 지나간 일을 서술하며 장차 올 일을 생각하는 것이다.

—사마천, 《사기열전》 태사공자서

:: 무엇을 한 후에 후회하는 편이 하지 않고 후회하는 것보다 훨씬 낫다(보카치오,
《데카메론》).

## 비탈지지 않은 평지는 없고

• • •

비탈지지 않은 평지는 없고 돌아오지 않는 떠남은 없다. 이런 자세로 하면 어려운 일이지만 허물이 없다. 근심하지 않더라도 미더움이 있어서 소기의 목적을 달성할 것이다. 먹을 복이 있다.

無平不陂 無往不復

艱貞无咎 勿恤其孚

于食有福

―《주역》

:: 마냥 무탈하고 행복해 보이는 사람들의 태평도 실은 그 나름의 고난과 어려움을 내포하고 있는 것이니 이를 부러워하거나 시기할 일이 아니다.


## 운명

• • •

인생의 화와 복이 정말로 운명에 정해져 있지 않다고 누가 말하겠는가?

―다산 정약용

289

## 꽃은 피었어도

• • •

싹이 자라나서도 꽃피우지 못하는 것은 없지만 꽃은 피었으면서도 열매
맺지 못하는 것이 있다.

— 《논어》

## 인내

• • •

한때의 분노를 참으라. 백일 동안의 근심을 면할 수 있다.

— 《명심보감》

## 오는 사람, 가는 사람

• • •

오는 사람 막지 말고 가는 사람 붙잡지 말라.

往者不追 來者不拒

— 맹자

## 평생 남에게 양보해도

• • •

평생 동안 남에게 길을 양보해도 그 손해가 백보밖에 안 되고,

평생 동안 밭두둑을 양보해도 한 단보를 잃지 않는 것이다.

終身讓路 不枉百步

終身讓畔 不失一段

— 《소학》

## 주변 환경과 나

• • •

주변 환경으로 인해 즐거워하지 말고 나로 인해 슬퍼하지 말아야 한다.

不以物喜 不以己悲

— 범중엄, 〈악양루기〉

## 무소의 뿔처럼 혼자서 가라

· · ·

서로 사귄 사람에게는 사랑과 그리움이 생긴다.
사랑과 그리움에는 괴로움이 따르는 법
연정에서 근심 걱정이 생기는 줄 알고
무소의 뿔처럼 혼자서 가라.

동반자들 속에 끼면
쉬거나 가거나 섰거나
또는 여행하는 데도 항상 간섭을 받는다.
남들이 원치 않는 독립과 자유를 찾아
무소의 뿔처럼 혼자서 가라.

그러나 만일 그대가
현명하고 일에 협조하고
예절 바르고 총명한 동반자를 얻지 못했다면

292

마치 왕이
정복했던 나라를 버리고 가듯
무소의 뿔처럼 혼자서 가라.

소리에 놀라지 않는 사자와 같이
그물에 걸리지 않는 바람과 같이
진흙에 더럽혀지지 않는 연꽃같이
무소의 뿔처럼 혼자서 가라.

숲 속에서 묶여 있지 않은 사슴이
먹이를 찾아 여기저기 다니듯이
지혜로운 이는 독립과 자유를 찾아
무소의 뿔처럼 혼자서 가라.

—《수타니파타(불교 초기 경전)》 중에서

## 참으로 산다는 것은

•••

참으로 산다는 것은 당신이 집착하고 있는 모든 것을 버릴 때만 가능합니다. 그래야 하루하루가 새로운 나날이 됩니다. 당신은 날마다 죽으면서 다시 태어나야 합니다.

—크리슈나무리티

## 이기고도 지고, 지고도 이긴다

•••

이기고도 지는 수가 있고 지고도 이기는 수가 있다. 가랑잎이 솔잎더러 바스락거린다고 하는 꼴이 되지 말라. 겨울바람이 봄바람보고 춥다 하는 억지를 부리지 말라.

—《법구경》

## 마음이여, 알 수 없구나

● ● ●

마음, 마음, 마음이여, 알 수 없구나. 너그러울 때에는 온 세상을 다 받아
들이다가도 한번 옹졸해지면 바늘 하나 꽂을 자리가 없으니.

—달마,《혈맥론》

## 마음에 있지 않으면

● ● ●

마음에 있지 않으면 보아도 보이지 않고 들어도 들리지 않고 먹어도 그
맛을 모른다.

—《대학》

## 우리가 현명해지는 이유

● ● ●

우리는 다른 사람의 불행을 통해 현명해진다.

—《이솝 우화》중에서

## 마음이 맑으니

• • •

마음이 맑으니 보이는 것마다 맑고, 보이는 것이 맑으니 눈이 맑으며, 눈이 맑으니 눈의 작용이 맑다.

—《원각경》

## 관작루에 올라

• • •

태양은 산을 따라 점점 넘어가고 황하의 강물도 바다로 흘러간다.
천리의 사물을 바라보려 한다면 한 층 위로 더 올라가야 하리.

白日依山盡　黃河入海流

欲窮千里目　更上一層樓

—왕지환(王之渙, 중국 당나라 때 시인)

:: 2013년 박근혜 대통령 방중 시 중국 시진핑 주석은 이 시의 마지막 두 구절을
　적은 족자를 선물했다.

## 소유의 법칙

· · ·

크게 버리면 크게 얻을 수 있다. 적게 버리면 적게 얻을 수밖에 없다. 어중간하게 버리면 어중간하게 얻는다. 이것이 소유의 법칙이다. 아무것도 갖지 않을 때 온 세상을 다 차지할 수 있다. 무엇인가를 가졌을 때 가진 것만큼 속박을 당한다.

— 법정스님 법문에서

## 인간의 삶에서

· · ·

인간의 삶에서 시간은 점이고 실체는 유동하는 것이며, 지각은 혼탁하고 육체 전체의 구성은 부패하며, 영혼은 회오리바람이고 운명은 예측하기 어려우며, 명성은 불확실한 것이다. 육체에 속하는 것은 모두 흐르는 물과 같고 영혼에 속하는 것은 꿈이요 연기이며, 삶은 전쟁이고 나그네의 일시적 체류이며, 후세의 명성은 망각이다.

— 마르쿠스 아우렐리우스

297

고향

• • •

고향은 찾아 무얼 하리.
일가 흩어지고 집 무너진 데
저녁 까마귀 가을 풀에 울고
마을 앞 시내도 옛 자리 바뀌었을라.

어릴 때 꿈을 엄마 무덤 위에
남겨 두고 떠도는 구름 따라
멈추는 듯 불려온 지 여남은 해
고향은 이제 찾아 무얼 하리.

하늘가에 새 기쁨을 그리어 보랴.
남겨 둔 무엇이길래 못 잊히우랴.
모진 바람아 마음껏 불어쳐라.
흩어진 꽃잎 쉬임 어디 찾는다냐.

298

험한 발에 짓밟힌 고향 생각
아득한 꿈엔 달려가는 길이언만
서로의 굳은 뜻을 남께 빼앗긴
옛사랑의 생각 같은 쓰린 심사여라.

—박용철, 〈고향〉

:: 진정한 방랑자라면 결코 고향에 돌아가고 싶어 하지 않는다. 우연히 고향에 갈
기회가 있다 할지라도 빨리 고향을 벗어나 여전히 타지를 떠돌며 한없는 상념
에 잠긴다. 결국 멍하니 내 고향이 어디인가 하는 질문을 던진다. 내가 즐겨 읽
는 시다.

고향

∙∙∙

언제든 가리
마지막엔 돌아가리

목화꽃이 고운 내 고향으로
조밥이 맛있는 내 고향으로

아이들이 하눌타리 따는 길머리엔
학림사 가는 달구지가 조을며 지나가고

대낮에 여우가 우는 산골
등잔 밑에서
딸에게 편지 쓰는 어머니도 있었다

— 노천명, 〈고향〉 중에서

## 인연

. . .

그리워하는데도 한번 만나고는 못 만나게 되기도 하고 일생을 못 잊으면 서도 아니 만나고 살기도 한다. 아사코와 나는 세 번 만났다. 세 번째는 아니 만났어야 좋았을 것이다.

오는 주말에는 춘천에 갔다 오려 한다. 소양강 가을 경치가 아름다울 것 이다.

— 피천득, 〈인연〉의 마지막 부분

## 인생의 두 얼굴

. . .

인생은 가까이서 보면 비극이지만 멀리서 보면 희극이다.

—찰리 채플린

## 나 어제 당신과 같았으나

• • •

"나 어제 당신과 같았으나 내일은 당신이 나와 같으리라."

— 터키의 파묵칼레 위쪽 히에라폴리스(죽은 자의 도시)에 있는 비문 중 하나

## 달걀을 보고 새벽을 알리라고 요구한다

• • •

달걀을 보고 새벽을 알리라고 요구하는 것이며, 활을 당기는 것을 보고 부엉이 고기를 요구하는 것이다.

— 《장자》 제물론

:: 공자에게 도를 요구하는 것을 두고 한 말이다.

## 제 몸도 자기 것이 아닌데

• • •

내 재산이다, 내 자식이다 하면서 어리석은 사람은 괴로워한다. 제 몸도
자기 것이 아닌데 어찌 자식과 재산이 제 것일까?

—《법구경》

## 자기 자신을 자랑하지 않아야

• • •

자기 자신을 자랑하지 않아야 공이 있고, 자신을 뽐내지 않아야 오래 갈
수 있다.

不自伐故有功, 不自矜故長

—《노자》 22장

:: 사람은 허영심에 실제보다 자신의 모습을 부풀리고 싶기 때문에 자화자찬을 하
  게 된다.

## 편안한 집과 바른 길
● ● ●

사랑은 사람의 편안한 집이요, 의로움은 사람의 바른 길이거늘 편안한
집을 비워두고 살지 않으며, 바른 길을 버리고 걷지 않으니 슬프다!

— 맹자

## 오직 외로운 길을 가라
● ● ●

남의 존경을 기뻐하지 말라. 오직 외로운 길을 가기에 전념하라.

—《법구경》

## 마음속으로 돌이켜봄이 없다면
● ● ●

경을 보되 자기 마음속으로 돌이켜봄이 없다면 비록 팔만대장경을 다 보
았다고 하더라도 아무 소용이 없을 것이다.

— 서산대사

## 지족(知足)하고 지지(知止)하라

• • •

만족하며 하루를 살았는가? 그러면 하루 내내 목숨을 누린 셈이다. 온종일 탐욕을 부리며 신경을 곤두세웠는가? 그렇다면 하루 내내 목숨을 버린 셈이다. 그러므로 오래 살고 싶다면 먼저 지족하고 지지할 일이다.

— 윤재근,《편하게 만나는 도덕경》


## 이방인으로 떠난다

• • •

나는 혼자 와서 이방인으로 떠난다. 내가 누군지 지금껏 무엇을 하고 있었는지 모르겠다.

나는 무서운 죄를 지었다. 어떤 처벌이 날 기다리고 있는지 모르겠구나.

— 아우랑 제브(무굴제국의 6대 황제)

:: 죽음을 앞두고 아들에게 한 말이다.

## 사소한 인정에 얽매이지 말고

•••

추울 때는 그대 자신이 추위가 되고 더울 때는 그대 자신이 더위가 되라
(동산선사,《벽암록》).

할 일이 없어서 일기예보에 관심을 갖는 사람들이 더위나 추위에 약합니다. 일에 열중하는 사람들에게는 더위도 추위도 없습니다. 쇠가 녹아 끓는 용광로 앞에서 일하는 사람들에게는 더위가 감히 범접할 수 없습니다.

누구나 자기 삶에 개성이 있어야 합니다. 일상의 삶은 무료합니다. 무엇인가 변화가 있어야 합니다. 사소한 인정에 얽매이지 말고 크게 생각하십시오.

— 법정스님

## 완전히 비우라

•••

완전히 비우고 고요함을 돈독히 지켜라.

—《노자》16장

306

## 서른 살

····

"그는 나이 서른도 되기 전에 세상을 호령했는데, 서른 살이 넘은 나는
지금 뭔가?"

—카이사르

:: 카이사르가 31세에 회계감사관이 되어 속주 히스파니아로 부임해서 그곳의 알
   렉산드로스 대왕의 동상을 보고 자책하며 한 말이다.

## 내가 숲속으로 들어간 것은

····

내가 숲속으로 들어간 것은 인생을 의도적으로 살아보기 위해서였다. 다
시 말해서 인생의 본질적인 사실들만을 직면해 보려는 것이었다. 그리하
여 죽음을 맞이했을 때 내가 헛된 삶을 살았구나 하고 깨닫는 일이 없도
록 하기 위해서였다.

— 소로, 《월든─숲속의 생활》 중에서

## 옛날의 어진 이와 나를 비견해 보니

. . .

기러기나 봉황이 멀리 날 듯, 매미가 허물을 벗듯, 초연히 어지러운 세상
을 벗어난 옛날의 어진 이와 나를 비견해 보니 그들의 지혜와 나의 어리
석음의 차이가 어찌 하늘과 땅의 차이에 그치겠는가.

— 허균,《한정록》서문 중에서

## 생각이 있는 자는

. . .

생각이 있는 자는 함부로 죽음을 이야기하지 않는다. 하찮은 인간들이
감상에 젖어 자살하곤 하는데 그것은 용기가 아니라 막다른 골목에 몰려
무얼 더 해보려고 해도 실력이 없기 때문이다.

— 사마천,《사기》계포난포열전

## 바쁜 이유

• • •

누가 어디서 기다리는 것도 아니다. 그렇기 때문에 바쁜 것이다.

— 법정스님

## 추야우중(秋夜雨中)

• • •

가을바람이 괴로워서 시 한수 읊조리니

내 마음 알아주는 이 어찌 이리 없다던가.

깊은 밤 등잔불 켜놓으니

만리 고향 서성이네.

秋風唯苦吟

世路少知音

窓外三更雨

燈前萬里心

— 최치원

## 인간이란 우연의 산물

⸱⸱⸱

인간이란 전적으로 우연의 산물이다. 큰 부자라도 운이 좋아 제가 가진
부를 생을 마감할 때까지 즐기지 못한다면 그날그날 살아가는 사람보다
더 행복하다고 할 수 없다.

—《플루타르크 영웅전》

## 물 위에 쓴 이름처럼

⸱⸱⸱

물 위에 그 이름을 써 남긴 자 여기에 잠들다.

— 키츠(영국 시인)의 자작 묘비명

:: 25세의 젊은 나이로 로마에서 객사한 키츠는 죽기 전에 이 묘비명을 스스로 지
었다. 하룻밤을 자고 나니 유명인이 되어 있더라는 그의 명성이 물 위에 쓴 이
름과 같다는 무상함을 느끼게 한다.

## 나는 자유다

...

나는 아무것도 바라지 않는다. 나는 아무것도 두려워하지 않는다. 나는
자유다.

—니코스 카잔차키스의 자작 묘비명

## 사는 일이 재미없다면

...

사는 일이 재미없고 시들하고 짜증스럽고 따분하다고 생각하면 그렇게
생각한 대로, 그 삶은 그러한 일로 가득 채워진다. 즐거운 삶의 소재는 멀
리 있지 않고 바로 우리 곁에 무수히 널려 있다. 우리가 만들고 찾아주기
를 기다리고 있다.

—법정스님

## 이른 아침에 백제성을 떠나며

•••

이른 아침 오색구름 사이 솟아 있는 백제성을 떠나
천리 강릉길을 하루에 돌아오네.
양안에 원숭이 소리 울어 그치지 않는데
조각배는 어느덧 첩첩산중을 지났구나.

朝辭白帝彩雲間 千里江陵一日還
兩岸猿聲啼不住 輕舟已過萬重山

— 이백

:: 2002년 10월 장쩌민은 퇴진이 예상되는 16차 전인대를 보름 남겨두고 미국을
   방문했는데, 이때 이백의 〈이른 아침에 백제성을 떠나며〉를 인용하여 그 배경
   을 두고 구구한 추측이 일어났다.

## 사색이나 명상

• • •

사색이나 명상은 우리의 일상과 동떨어진 그 무엇이 아니라 삶의 일부다.

— 크리슈나무르티

## 남에게 얽매여 살기보다는

• • •

부귀를 위해 남에게 얽매여 살기보다는 가난할지라도 세상을 바라보며
내 마음대로 살겠소.

— 사마천, 《사기》 노중련열전

## 인생이란 기묘한 것

• • •

"신세계는 엉망이에요. 구세계는 안전한가요? 인생이란 상상 이상으로
기묘한 것입니다."

—콜럼버스

313

# 얼굴을 들어 하늘에게 물어보니

· · ·

얼굴을 들어 하늘에게 물어보니 하늘 또한 괴롭다 하네.

仰面問天 天亦苦

— 정호, 《학산당인보(學山堂印譜)》(중국 명나라 말 정호가 유명 전각가의 인장을 모아 엮은 책)

:: 하늘도 괴롭다는데 이깟 내 괴로움쯤이야 내가 극복해야 하지 않을까?

# 깨달음을 얻은 자

· · ·

깨달음을 얻은 자는 현재에 영원히 살지만 보통 사람은 과거와 미래에 산다.

— 석가모니

# 같이 생활하기

· · ·

서로 사랑하기는 쉽지만 같이 생활하기는 어렵다.

—중국 속담

## 행복은 목표가 아닌 과정
● ● ●

우리는 행복해지기 위해서 불행하게 산다. 행복은 목표가 아니라 과정이다.

—버틀란드 러셀

## 지금 기뻐하라
● ● ●

지금 이 행복을 기뻐하는 일도 없이 언제 어디서 행복하게 될 것인가.

— 교토(京都) 대선원 주지

## 신의 책상에 적힌 글
● ● ●

신의 책상 위에는 이런 글이 쓰여 있다고 한다.

"네가 불행하다고 말하고 다닌다면 불행이 어떤 것인지 보여주겠다. 또한 네가 행복하다고 말하고 다닌다면 행복이 어떤 것인지 보여주겠다."

—버니 S. 시겔

순간의 꽃
• • •

I

저쪽 언덕에서

소가 비 맞고 서 있다

이쪽 처마 밑에서 나는 비가 그치기를 기다리고 있다

둘은 한참 뒤 서로 눈길을 피하였다


II

노를 젓다가

노를 놓쳐버렸다

비로소 넓은 물을 돌아다보았다


III

내려갈 때 보았네. 올라갈 때 보지 못한 꽃

— 고은, 《순간의 꽃》에서

## 지금 이 자리에서 최선을 다해 살 수 있다면

● ● ●

어떤 사람이 불안과 슬픔에 빠져 있다면 그는 이미 지나가버린 과거의
시간에 아직도 매달려 있는 것이다.

또 누가 미래를 두려워하며 잠 못 이룬다면 그는 아직 오지도 않을 시간
을 가불해서 쓰고 있는 것이다.

과거는 강물처럼 지나가 버렸고 미래는 아직 오지 않았다. 과거나 미래
쪽에 한눈을 팔면 현재의 삶이 소멸해 버린다. 지금 이 자리에서 최선을
다해 살 수 있다면, 삶과 죽음의 두려움도 발붙일 수 없다.

—법정스님, 〈나의 생각이 나의 운명이다〉

## 자주 나는 새

● ● ●

자주 나는 새는 그물에 걸리는 재앙이 있다.

— 야운(野雲)선사(고려 말의 선승), 《자경록》

:: 삶에서 자주 침묵하고 홀로 있으면서 자신을 들여다보는 시간을 가지라는 가르침이다.

317

## 착하지 않은 일로 이름을 떨치면
● ● ●

만약 사람이 착하지 않은 일을 하여 이름을 세상에 떨치면 남이 비록 해
치지 않아도 하늘이 반드시 죽인다.

— 장자

## 지금 내가 겪는 일들은
● ● ●

"지금 내가 겪는 일들은 모두 신의 뜻에 따른 것이리라. 인간이 자신의
행동을 통제할 능력을 잃었을 때 신은 그 인간으로 하여금 마땅히 걸어
가도록 정해져 있는 운명적인 행동을 하게 만드니까."

— 알렉산드로스 대왕

## 탐욕에 치우치면

• • •

탐욕에 치우쳐 행동하면 많은 미움을 산다.

—《논어》 이인편

## 부정적인 감정의 피해자

• • •

남에 대한 부정적인 감정이나 미운 생각을 지니고 살아가면 그 피해자는
누구도 아닌 바로 나 자신이다. 하루하루를 그렇게 살아가면 삶 자체가
얼룩지고 만다.

— 어느 날 떠오른 생각

## 늙는 것을 재촉하는 4가지

• • •

두려움, 노여움, 아이, 악처.

—《탈무드》

319

## 아름다운 마무리

. . .

아름다운 마무리는 처음으로 돌아가는 것이었습니다. 결국 아름다운 마
무리는 끝이 아니라 시작이었습니다.

— 법정스님

## 가장 후회가 남는 것

. . .

미국의 어느 연구소에서 90세 이상 사람들을 대상으로 물었다.
"90년 인생을 돌아보았을 때 가장 후회가 남는 것은 무엇입니까?"
"좀 더 모험을 해보았더라면 좋았을 것을…"이라고 한다.
하려고만 하면 시간은 아직 우리 편에 있다.

## 남자와 여자의 노화

· · ·

남자는 마음으로 늙고 여자는 얼굴로 늙는다.

—영국 속담

## 덧없는 생

· · ·

생은 덧없으니 부지런히 자신을 점검하라.

— 석가모니의 게(偈)

## 노년이 되면

· · ·

"큰 일은 체력이나 민첩성이나 신체의 기민성이 아니라 계획과 평판과
판단력에 따라 이루어지지. 그리고 이러한 여러 자질은 노년이 되면 대
개 줄어드는 것이 아니라 더 늘어난다네."

— 키케로, 《노년에 관하여》

## 모든 것이 덧없다
●●●

모든 것이 덧없다.
태양도… 달도….
마찬가지로 사랑의 고뇌도
결국에는 산들바람으로 끝난다.

———폼페이 '풍요의 거리' 벽의 4행시

## 늙은 나이
●●●

"내 늙은 나이를 믿소."

———솔론

:: 어려운 상황에서도 옳은 말을 하자 많은 사람들이 독재자에게 죽음을 당할 것이
   라며 무엇을 믿고 그렇게 대담한 행동을 하느냐고 묻자 솔론이 대답한 말이다.

## 시간과 역량을 탕진하지 말라

· · ·

삶이 시들해지거나 성에 차지 않을 때 우리들 삶의 종착점인 묘지나 화장터 쪽에 서서 현재의 삶을 한번쯤 되돌아볼 줄 알아야 한다. 우리가 의식을 하든 안 하든 우리 모두는 순간순간 이 종점을 향하여 다가서고 있다. 그러니 자기에게 주어진 시간과 역량을 무가치한 일에 탕진하지 말아야 한다.

— 법정스님, 《인도 기행》

## 나이 60에

· · ·

도연명은 41세에 귀거래 하였다. 나는 내일모레 60이 되는데 늙은 말 같은 이 몸을 채찍질하며 잘못 들어선 길을 가고 있다.

— 피천득, 〈제야수상(除夜隨想)〉

## 깨끗이 늙는다는 것

* * *

사람이 늙어서 깨끗이 늙는다는 것은 어떤 것인가. 늙으면 현역에서 떠나게 되고 세상을 조용히 관조하며 고고하게 살아가면서 젊은 사람에게 인생의 교훈을 주는 일이다.

그런데 불가사의하게도 세상 다 산 사람에게 노욕이 생겨 젊은 사람에게 실망을 안겨주며 가장 아쉬워해야 할 만년을 망치는 실례를 우리는 수없이 본다. 노욕을 가진 사람은 일신의 안위를 염려해서 할 말도 못하고 과분한 욕심 때문에 분수에 넘는 일을 하고 사소한 개인 감정으로 대의를 저버리기 일쑤다.

노욕 중에는 이른바 3대 노욕이 있다. 생명욕, 재물욕, 그리고 명예욕이다. 세월이 차면 생명도 가게 마련이고 생명이 다하면 돈도 명예도 필요 없겠건만 왜 늙은이들이 노욕 때문에 추하게 늙어가고 있는지 알 수 없는 일이다. 초야의 노부들이야 어쩌요리만 큰소리 치고 세상을 놀라게 하던 이른바 명사들이 다 늙어서 자기 의사대로 행동하지 못하고 돈 따라 권력 따라 노구를 이끌고 다닌다는 것은 민망스러울 정도다.

—김성식,《쓴소리 곧은 소리》중 〈명사의 몸가짐〉

## 헛되이 보낸 반세기

. . .

나는 반세기를 헛되이 보내었다. 그것도 호탕하게 낭비하지도 못하고 하루하루를, 일주일 일주일을, 한해 한해를 젖은 짚단을 태우듯 살았다. 가끔 한숨을 쉬면서 뒷골목을 걸어오며 늙었다.

—피천득, 〈송년〉

## 노쇠 현상

. . .

돌이켜보면 나 스스로도 의식하지 못한 채 같은 말을 되풀이해 왔다. 같은 말을 되풀이한다는 것은 지나간 시간의 늪에 갇혀 헤어나지 못하고 있다는 소식이다. 이 또한 노쇠 현상이 아닐 수 없다.

—법정스님

## 노인의 탐욕

...

노인의 탐욕이란 나그네 길은 얼마 남지 않았는데 노자(路資)를 더 마련
하려는 것과 마찬가지로 어리석은 것이 아닌가?

—키케로,《노년에 관하여》

## 내게 주어진 시간

...

나는 나에게 주어진 시간을 허비했다.

— 레오나르도 다빈치

:: 1519년 5월 2일, 레오나르도 다빈치는 자신의 수기 5,000여 장을 정리하다가 이
렇게 한탄하며 생을 마감했다.

## 불행한 노년

···

말로 자기 변호를 해야 하는 노년은 불행하다.

— 키케로, 《노년에 관하여》

## 늙어서 얻는 세 가지 병

···

사람이 늙으면 세 가지 병을 얻는다. 돈에 인색해지고, 죽을까 겁을 내고, 잠이 없다.

— 중국 속담

## 늘그막

···

사람을 보려거든 그 늘그막을 보라.

— 《채근담》

## 나이 70에

···

나이 70에도 어떤 직위에 있는 것은 통행금지 시간이 되었는데도 쉬지
않고 밤길을 다니는 것과 같아서 그 허물이 적지 않다.

— 수타니파타

## 주름살과 함께

···

주름살과 함께 품위가 갖추어지면 존경과 사랑을 받는다.

—빅토르 위고

## 세상이 버리기 전에

···

세상이 버리기 전에 먼저 세상을 떠나는 사람은 행복할지니.

— 사마르칸트에 있는 티무르의 무덤 주춧돌에 새겨진 아랍어

## 죽음의 무게

···

어떤 사람의 죽음은 태산보다 크고 어떤 사람의 죽음은 새털보다 가볍다.

— 사마천

:: 세상과 작별할 때 생에서 남는 것은 무엇인가? 결국 자신 외에는 아무것도 남지
않는다. 삶을 소유물로 여기기 때문에 우리는 소멸을 두려워한다. 삶은 소유가
아니라 순간순간의 있음이다.

## 최상의 죽음

···

죽기 전날 카이사르는 만찬 자리에서 최상의 죽음에 관하여 이야기를 나
누던 중 큰 목소리로 최상의 죽음은 '예기치 않은 죽음'이라고 말했다.

— 《플루타르크 영웅전》 카이사르편

## 죽음

· · ·

죽음을 싫어함은 고향에 돌아갈 것을 잊음이다.

—《장자》내편 제물론

## 죽음에 이르기까지의 과정

· · ·

죽음 자체가 두려운 것이 아니다. 문제는 죽음에 임하여 어떻게 대처하느냐, 즉 죽음에 이르기까지의 과정이 중요한 것이다.

— 사마천,《사기》염파인상여열전

## 내 죽음은 왜 이렇게 긴가

· · ·

"생명의 탄생은 한순간인데 내 죽음은 왜 이렇게 긴 거야?"

—질 비센테(포르투갈의 극작가)

:: 연극 〈상처 입은 사람들의 순례〉(1553)에서 처음 등장한 농민의 부르짖음이다.

## 죽는다는 것

● ● ●

죽는다는 것은 아침에 생겼다가 없어지는 버섯처럼 덧없는 것입니다. 생
각한들 무슨 도움이 되겠습니까? 생활하면서 더욱 스스로를 지켜야 합
니다. 저는 이렇게 자리보전하고 있으며 또 두풍(頭風, 두통이 오래 낫지
않는 것)으로 괴로워하고 있습니다. 회혼(回婚, 결혼 60주년)이 임박하였
지만 부끄러울 뿐입니다.

— 다산 정약용, 임종 6일 전에 쓴 마지막 편지글

## 태산은 이렇게 무너지는가!

● ● ●

태산은 이렇게 무너지는가!
기둥은 이렇게 무너지는가!
철학자는 이렇게 시드는가!
천하의 도가 상실된 지 오래고 나를 따라 오는 자도 없다.

— 공자, 임종 7일 전 자공에게 한 말

## 임종 환자들이 후회하는 5가지

● ● ●

1. 내 뜻대로 살걸.

2. 일 좀 덜 할걸.

3. 화 좀 덜 낼걸.

4. 친구들 챙길걸.

5. 도전하며 살걸.

— 브로니 웨워(Bronnie Ware, 호주의 간호사),《죽을 때 후회하는 5가지》중에서

:: 타인의 기대에 맞추지 말고 스스로에게 진실한 삶을 살 용기가 있었더라면….


## 죽음의 공포

● ● ●

살아 있을 때에는 죽음이 없고 죽었을 때는 우리가 존재하지 않는다. 그
러므로 죽음의 공포를 버려라.

—에피쿠르스

## 수명이 짧다 해도

...

주어진 수명이 짧다 해도 훌륭하고 명예롭게 살기에는 충분히 길다.

— 키케로, 《그리스 로마 에세이》

## 단 한 번도 쉰 적이 없는 사람

...

단 한 번도 쉰 적이 없는 사람이 여기 쉬고 있다.

— 안달루시아의 기타리스트 세고비아의 자작 묘비명

## 죽음이 기다리는 사람

...

더 이상 사랑하지도, 더 이상 헤매지도 않는다면 그런 사람을 기다리는
건 죽음뿐.

—괴테

## 누가 죽기 전에는

...

"누가 죽기 전에는 그를 행복하다고 부르지 마시고, 운이 좋았다고 해서 행운아라고 부르지 마시오. 무슨 일이든 그 결말이 어떻게 되는지를 눈여겨보아야 할 것입니다. 신께서 행복의 그림자를 언뜻 보여주시다가 파멸의 구렁텅이에 빠뜨리시는 경우가 비일비재하니까요."

— 솔론, 리디아 왕 크로이소스에게 한 말

## 운 다하니

...

때를 만나서는 천하도 내 뜻과 같더니
운 다하니 영웅도 스스로 어쩔 수 없구나.
백성을 사랑하고 정의를 위한 길이 무슨 허물이랴.
애국의 붉은 마음 그 누가 알까.

—전봉준의 유언시 전문

334

## 죽고 살고 오고 감도 구름 같은 것

....

삶이란 한 조각 구름이 일어남이요
죽음이란 한 조각 구름이 스러짐이다.
구름은 본시 실체가 없는 것
죽고 살고 오고 감도 모두 그와 같도다.

— 서산대사 입적시

## 삶은 한순간

....

얼마나 놀라운 일인가.
번개를 보면서도 삶이 한순간인 것을 모르다니.

— 마쓰오바쇼(松尾芭蕉, 일본 에도 시대 전기의 하이쿠 시인)

8장
# 상상력이야말로
# 행동하는 영혼

## 창조적 영감
● ● ●

창조적 영감은 신성한 광기와 같고 정신적 변환상태로부터 온다.

— 고대 그리스인들

:: 모든 상상력은 백지 상태에서 시작하는 것이 아니라 현실에 존재하는 사물과
   현상에 대한 꼼꼼한 관찰과 기록, 그리고 그것들을 조합하는 과정과 노력에서
   비롯된다.

## 뮤즈의 광기
● ● ●

뮤즈의 광기를 맛보지 못한 사람은 결코 완벽한 작품을 만들 수 없다.

—소크라테스

## 상상력의 중요성
...

상상력이야말로 행동하는 영혼이다.
상상력이 지식보다 중요하다.
풍요로움은 퍼가도 퍼가도 남아 있다.

―《우파니샤드》

## 상상 에너지
...

남이 한 것은 죽어도 안 하겠다고 생각하면 상상 에너지는 우리를 전혀
낯선 곳, 새로운 세계로 안내한다.
남이섬의 실천 요강 ― 남 따라 하지 말기.

― 강우현(남이섬 CEO),《상상망치》

## 아이디어

...

지금 보편적으로 용인되고 있는 아이디어는 모두 한때 별난 것으로 간주
되던 것들이다.

— 버틀란드 러셀


## 지휘관의 중요한 자질

...

지휘관으로서 가장 중요한 자질이 무엇이냐고 물어본다면 상상력이라고
대답하겠다.

— 마키아벨리

:: 대부분의 창의적인 제품은 기존의 것을 재결합하는 데서 80~90퍼센트가 나온
다. 창의성을 죽이는 가장 확실한 방법은 리더가 먼저 말하는 것이다.

## 창조가 있기 전에

...

창조가 있기 전에 먼저 파괴가 있어야 한다. 고상한 취향이란 얼마나 불쾌한 것인가. 그 취향이란 창의력의 적이다.

— 파블로 피카소

## 역사와 문화의 부담

...

새로운 정치제도의 창시가 반드시 유구한 역사 전통이나 두터운 문화적 축적을 필요로 하는 것은 아니다. 미국의 예에서 볼 수 있다시피 전통과 문화가 없을 때 더욱 창조적이고 실용적인 것을 만들어낼 수 있을 것이기 때문이다. 진(秦)은 이렇듯 역사와 문화의 부담이 없었기 때문에 오히려 훗날 정상에 오를 수 있었다.

— 이중톈(易中天)

## 모방과 도둑질

•••

유능한 예술가는 모방하지만 위대한 예술가는 훔쳐다 쓴다.

—파블로 피카소

:: 스티브 잡스가 이 말을 즐겨 사용했다.

## 서예의 최고 경지

•••

서예에서 최고의 경지는 환동(還童), 즉 '어린이로 돌아가는 것'이라고
한다.

—신영복

## 독창성의 근원

•••

독창성은 남들이 당연시 하는 것, 이미 해답이 나온 것에 대해서 다시 한
번 고개를 갸웃하는데서 시작된다.

## 예술 창작의 목표

....

예술 창작의 목표는 새로운 것을 만들어내는 것이 아니라 너무 익숙해져
버려서 우리가 느끼지 못하는 것을 낯설게 느끼도록 만들어주는 것이다.

— 쉬클로프스키(러시아 형식주의 선구자)

## 아는 만큼 본다

....

그림을 알면 진정 사랑하게 되고, 사랑하게 되면 진정 보게 되고, 볼 줄
알면 소장(수집)하게 된다. 이런 사람은 그저 모으는 사람과는 다르다.

知則爲眞愛 愛則爲眞看 看則畜之而非徒畜也

— 유한준, 김광국의 《석농화원》 발문에서

341

## 일격(一格)

...

한 폭 수장하여 일격을 갖춘다.

— 석농 김광국

:: 연구하지 않고 수집하는 행위는 돈을 써서 고민거리를 사는 행위다.
동쪽에서 잃어버리고 서쪽에서 수습하는 행동은 수집활동에 나타나는 정상적
인 현상이니 수집 섭리를 잘 조정하여 실천해야 한다.

## 전시회를 수백 번 보는 것보다

...

전시회를 수백 번 보는 것보다 제 주머니를 털어 미술 작품을 한 점 사는
게 안목을 키우는 데 도움이 된다. 자신의 것을 내걸었을 때 비로소 감상
은 관찰을 넘어 체험의 영역으로 확대된다.

— 윤장섭(호림박물관 창립자)

:: 때로는 한 장의 그림이 소설 한 편보다 더 소상하다.

## 흙벽으로 만든 집에서

● ● ●

종이로 만든 창과 흙벽으로 만든 집에서
평생 벼슬 하지 않고
시나 읊조리며 살리라.

綺窓土壁

終身布衣

嘯咏其中

— 단원 김홍도, 〈포의풍류도(布衣風流圖)〉에 적어 넣은 시

## 문화유산 답사의 기본 방침

● ● ●

돌아갈 때는 새 길로 간다.

— 유홍준

# '이것은 파이프가 아니다'

• • •

— 르네 마그리트(벨기에의 초현실주의 거장)

:: 이것은 파이프의 이미지에 불과할 뿐 실제로 사용할 수 있는 파이프가 아니다.

즉 그림 속의 파이프로는 담배를 피울 수 없으니 파이프가 아니라는 뜻이다.

상식화된 관념이 우리의 눈을 가린다.

# 산수와 산수화

• • •

**"산수가 산수화지 산수화는 산수가 아니다."**

— 동기창(중국 명나라 말기 화가)

## 시가 일깨워주는 것

...

권력이 인간을 오만으로 몰고 갈 때 시는 인간의 한계를 일깨워 줍니다.

— 케네디, 로버트 프로스트를 추모하면서(1963년 10월 27일)

## 이 세상에 다시 태어나게 된다면

...

"만약 불교에서 말하는 환생이라는 것이 있어 이 세상에 다시 태어나게 된다면 나는 내 친구 장다첸(張大千) 같은 중국 화가가 되고 싶다. 그래서 길고 부드러운 양모필을 손에 쥐고서 소매를 썩 걷어 올려 일필휘지 마음 가는 대로 편안한 그림을 그리고 싶다. 그리고 그림을 다 그리고 난 다음에 다시 한 번 그 붓을 들어 화폭한 구석에 정감 어린 시를 유려하게 적어내고 싶다."

— 파블로 피카소

:: 서양 미술의 최고봉이라는 파블로 피카소가 그토록 부러워했던 그림과 글씨와 문학의 일치, 그것은 우리 옛 풍류 화가들의 일상적인 삶의 방식이었다.

## 예술가의 미적 생애를 빗대어

···

혼자만 아는 산 속의 기막힌 경치를 따라 한걸음 한걸음 자꾸만 이끌리
듯 걸어가 보니 "어느새 샘이 끝나는 높다란 곳에 이르게 되었고 털퍼덕
그 자리에 주저앉으니 아득히 저녁 구름이 피어오르더라."
이는 마치 한 예술가의 미적 생애 전체를 빗대어 말한 듯하다.

— 오주석,《옛 그림 읽기의 즐거움》

## 화가와 어린이

···

어린이는 모두 화가다. 화가란 커서도 그 어린이의 마음을 잃지 않는 사
람이다.

— 파블로 피카소

## 예술

•••

돈을 버는 것도 예술이고 일을 하는 것도 예술이고 성공적인 사업을 하
는 것도 예술이다.

— 앤디 워홀

## 작가 정신의 교육

•••

정치 · 경제 · 문화 등 각 분야에서 권력을 남용하면서도 부끄러워할 줄
모르는 아류들에게 한번쯤 이중섭이나 반 고흐의 생애와 작가 정신에 대
해 학습할 기회를 줄 필요가 있다.

— 이우복,《옛 그림의 마음씨》

## 미술의 본질

● ● ●

미술은 본질적으로 나약한 인간상을 보완해 주고 보다 숭고한 가치를 향한 열망을 되살려준다.

— 알랭 드 보통, 《영혼의 미술관》

:: 세상의 모든 미술과 마찬가지로 미술은 개인과 공동체의 치유를 위해 존재하는 것이다.

## 지극히 아름다운 것의 궁극

● ● ●

지극히 아름다운 것은 그 궁극에서 비애감으로 이어진다.

— 오주석, 《옛 그림 읽기의 즐거움》 중 〈몽유도원도〉에 관한 글

:: 완벽한 경치도 스트레스다.

## 창의성

. . .

인문학적 감각과 과학적 재능이 강력한 인성 안에서 결합할 때 발현되는 창의성이야말로 21세기 혁신적인 경제를 창출하기 위한 열쇠다. 나는 프랭클린, 아인슈타인, 스티브 잡스의 전기를 쓸 때 이러한 창의성을 가장 흥미로운 주제로 다뤘다.

— 월터 아이작슨, 《스티브 잡스》

## 독창성을 키우기 위해서는

. . .

절대적 고독을 넘어설 각오 없이는 독창성을 키워갈 수가 없다.
모든 위대함에 이르는 길은 고요 속을 가로지른다.

— 니체

## 현실이 시인의 상상력을 압도할 때

....

요시노의 사쿠라를 읊은 가장 유명한 시는 다름 아닌 〈요시노에 사쿠라
가 만개했습니다〉라는 것이었다. 맞다! 현실이 시인의 상상력을 압도해
버릴 때 시인은 그저 정직하게 말하는 것 이상의 표현을 할 수 없는 법
이다.

— 유홍준,《나의 문화유산 답사기2》

## 프랑스 회화의 3대 미인

....

1. 다비드의 〈레카미에 부인의 초상〉
2. 투르의 〈퐁파두르 부인〉
3. 앵그르의 〈그랑 오달리스크〉

— 최영도,《아는 만큼 보이고 보는 만큼 느낀다》

## 말할 자격이 없는 사람들

• • •

세상에는 말할 자격이 없는 사람들이 너무도 많은 말을 떠들어대고 있다.

—인디언 네즈페르세족의 추장

:: 진실이 담긴 말은 그의 가슴에 스며들어 영원히 기억된다.

## 정신적 불안이 주는 도움

• • •

나는 병이 완치되는 것을 원치 않는다. 정신적 불안이 나의 그림 작업에
도움이 되기 때문이다.

— 에드바르 뭉크

:: 어린 시절부터 질병(정신 질환)과 죽음의 공포 속에서 지낸 뭉크는 81세까지
살았다.

득의망언(得意亡言)

···

의미를 얻었다면 말은 버리라는 뜻.

—《장자》외편

'석가모니가 웃었다'

···

불교는 평화를 추구하는 종교로서 이제까지 무용을 뽐내며 전쟁을 일으킨 적이 없었다. 바로 이런 특성 때문에 불교가 인도에서 자취를 감추었을 것이다. 그런데 40년 전 어처구니없게도 인도에서 핵실험에 성공했을 당시의 암호가 바로 '석가모니가 웃었다'였다고 한다. 핵실험의 암호로 어떻게 석가모니의 웃음을 사용할 수 있단 말인가.

— 위치우이(余秋雨)

## 외국인을 대하는 일본인의 태도

• • •

일본인은 외국인과 대등하게 친구관계가 되기 어려운 사람들이다. 외국인은 자기네보다 우월하거나 열등하지 수평은 없다. 따라서 굽실거리거나 깔아뭉개지 대등한 관계는 드물다. 인간을 전체 인류의 입장에서 이해할 줄 모르는 태도, 형제, 자매로 이해할 능력의 결여 때문에 그들이 진정한 세계인으로 발돋움하기는 어려운 것이고, 된다 하더라도 시일이 걸릴 것이다.

그러나 그들은 한 국민으로서는 별로 나무랄 데가 없는 단위를 이루고 있다. 법과 질서를 중요하게 여기고 책임감과 직업의식이 투철하고 공사의 구분이 분명하고 열심히 공부하고 부지런하고 청결하고 서로 타협해서 대동단결하는 데 능하다.

— 김성한, 《일본 속의 한국》

353

## 진리는 하녀의 속성이 있다

· · ·

루쉰의 잡문인지 산문인지 가물가물하다. 제목도 잊었지만 내용은 대충
기억이 난다. 자손 귀한 집안에 손자가 태어났다. 축하객들이 몰려왔다.
집주인은 아이를 안고 사람들 앞을 한 바퀴 돌았다. 너 나 할 것 없이 "백
살을 살겠다, 장차 왕후장상이나 큰 부자가 되고도 남겠다"라며 덕담을
늘어놨다. 모두 불확실한 말이었지만 주인은 기분이 좋았다. 싱글벙글하
며 진수성찬을 대접했다.

앞에 사람들이 온갖 좋은 말을 다 했기 때문에 제일 끝자락에 있던 사람
은 마땅한 말이 떠오르지 않았다. 갓 태어난 아이를 한동안 들여다보더
니 천천히 입을 열었다.

"이 아이도 언젠가는 죽겠군요."

슬픈 표정을 지으며 한숨까지 내쉬었다. 집주인의 얼굴이 일그러졌다. 붉
으락푸르락, 주위 사람들이 "별 주책바가지 다 보겠다"라며 내쫓아도 모
른 체했다.

루쉰의 글 중에서 이 과장되고 짓궂은 글을 좋아하는 중국인들이 유난히

많다. 이유도 한결같다.

"확실치도 않은 말을 늘어놓은 사람은 극진한 대접을 받았고, 진실을 말한 사람은 쫓겨났다."

진리는 하녀의 속성이 있다. 권위에 의존해야 빛을 발한다. 권위가 약한 진리는 권위에 대한 도전으로 둔갑한다. 대다수가 진리를 숭상하는 것 같아도 실상은 권위를 숭배하기 때문이다.

―김명호,《중국인 이야기》

## 인도에 대해

●●●

무능이 죄가 되지 않고 인생을 한번쯤 되돌릴 수 있는 곳.

― 황지우

●●●

호사와 굶주림이 떳떳하게 공존하는 곳. 이생의 삶이 전부가 아닌 곳.

―김화영

## 우리의 불친절

...

일본인의 친절이 우월감의 소산이라면 우리의 불친절은 열등감의 소산
일지도 모른다.

— 박완서, 《못 가본 길이 더 아름답다》

## 일본인의 생활 문화

...

일본인의 생활 문화를 보면 처음에는 깨끗하고 질서정연한 모습에 감탄
하다가 나중에는 그 천편일률적인 것에 갑갑함을 느끼게 된다.

— 유홍준, 《나의 문화유산 답사기》 일본편

## 이슬람군과 십자군

...

메흐메드2세(Mehmed Ⅱ)는 콘스탄티노플을 함락시키고 그곳에 있던 8개의 기독교회당을 모스크로 개조했을 뿐 파괴하지는 않았다. 점령군 군사들에게 3일간의 약탈을 허용했으나 일반 민중에게 끼친 피해는 없었다. 이는 예루살렘을 점령한 피트루스 순례단의 십자군이 주민들을 대량 학살한 것과 비교된다.

그 후에도 메흐메드 2세는 기독교를 근절시키지 않고 기독교도의 자치 조직을 인정했는데, 이는 또한 같은 기독교도인데도 구교도가 수천 명의 신교도를 살해한 프랑스의 바르테름 대학살과 비교된다.

— 진순신, 《이스탄불 기행》

## 팍스 오스마니아

∙∙∙

팍스 오스마니아(Pax Osmania: 오스만 제국에 의한 평화) 시대에는 이민족
∙이종교 간에 심각한 분쟁이 거의 일어나지 않았다. 패전으로 터키가
물러나자 순식간에 중동 지역과 발칸반도는 혼란에 빠져들었다. 새삼 오
스만제국이 종교, 민족에 대해 관용적이었다는 사실의 가치를 느낀다. 오
스만제국 내에서는 민족, 종교뿐만 아니라 신분 차별까지 없었다.

— 진순신,《이스탄불 기행》

## 인생과 예술

∙∙∙

인생은 짧고 예술은 길다. 기회는 달아나고 실험은 불확실하고 판단은
어렵다.

—히포크라테스

## 네 번째 해바라기

...

나는 지금 네 번째 해바라기를 그리고 있다. 우리는 노력이 통하지 않는 시대에 살고 있는 것 같다. 그림을 팔지 못하는 건 물론이고 완성한 그림을 담보로 돈을 빌릴 수조차 없다. 우리가 살아 있는 동안 상황이 나아질 것 같지도 않다. 다음 세대의 화가들이 좀 더 풍족한 생활을 할 수 있도록 발판을 마련해 주는 것으로 보답을 삼기에는 우리의 인생이 너무나 짧구나. 아니 시련에 용감히 맞설 만한 힘을 유지할 수 있는 날이 더욱 짧기만 하다.

— 고흐, 1888년 8월 동생 테오에게 쓴 편지

:: 그로부터 100여 년 후에 고흐가 그린 그 작품은 런던의 크리스티 경매장에서 당시 가격으로 약 4,000만 달러에 일본의 야스다 화재보상보험에 낙찰되었다.

359

## 장미가 소중한 이유

...

"네 장미가 네게 그다지도 소중한 것은 그 장미를 위하여 잃어버린 시간
때문이야."

— 생텍쥐페리, 《어린 왕자》 중에서

## 시간의 낭비

...

즐겁게 보낸 시간은 낭비가 아니다. 권태로운 시간만이 낭비일 뿐이다.

— 카사노바

## 평생 갈고 닦은 것

...

평생 갈고 닦은 것을 시험해볼 기회가 없었으니 세상은 그 깊이를 알지
못한다고 한탄한다.

— 표암 강세황, 〈화상자찬〉 중에서

## 굳이 종교에 귀의한 이유

....

종교에 의지하지 않고도 우리는 얼마든지 구원을 받을 수 있다. 그러면서도 우리가 굳이 종교에 귀의한 것은 성인의 가르침을 통해서 우리들의 삶을 거듭거듭 개선해 나가기 위해서가 아닌가. 말은 기독교인이네 불자라고 하면서 그 마음 씀씀이나 언행이 그런 종교를 믿지 않는 사람들보다 훨씬 못하고 옹졸하지 않는지 시시로 되돌아보아야 한다.

— 법정스님

## 산은 산이요, 물은 물이다

....

뚜렷이 깨달음 널리 비추니 고요함과 없어짐이 둘 아니로다.
보이는 만물은 관음이요, 들리는 소리마다 묘한 이치로다.
보고 듣고 이것밖에 진리가 따로 없으니 아아 대중은 알겠는가?
산은 그대로 산이요, 물은 그대로 물이로다.

— 성철스님, 조계종 세7대 종정 취임식 법어

361

## 사악한 종교의 봉우리

* * *

종교가 인간을 몰아가는 사악함의 봉우리가 정말 높구나.

— 루크레티우스(로마 시인)


## 유교와 도교

* * *

월요일부터 금요일까지 논어의 세계에 살고 토 · 일요일은 노장의 세계
에 살라.

외면적으로 유가 방식을 따르고 내면적으로는 도가와 도교 방식을 따라라.

— 포박자 갈홍(중국 동진 시대 사상가 · 의학자)

:: 빠른 템포로 자극적인 삶을 살아가고 있는 현대인들은 노자와 같은 유구한 지
혜의 샘터에서 아주 훌륭한 심령 치료를 받을 수 있다.

## 후발제인(後發制人)

...

마오쩌둥은 싸움을 즐겼다. 도전을 좋아했고 누가 도전해 오면 흔쾌히 받아들였다. 피하기는커녕 얼굴에 생기마저 들었다. 투쟁 철학이 곧 인생 철학이었다.

전략도 복잡하지 않았다. 평생 상대가 찧고 까불게 내버려두고 잠복해 있던 적까지 모습을 드러내면 느지막하게 나서서 일거에 제압하는 후발 제인 한 가지만 구사했다. 별것 아닌 것 같았지만 다들 나가떨어졌다.

—김명호,《중국인 이야기》

## 종교와 진리

...

종교에는 어떠한 강요도 따르지 않는다. 진리는 암흑 속으로부터 구별된다.

—《코란》 2장 256절

## 신앙이 맹신으로 나아갈 때

• • •

신앙이 인간의 이성과 양식을 이탈해 맹신으로 나아갈 때는 무서운 파괴
력을 동반한다. 인류 역사상 무수히 일어난 종교 간의 갈등과 분쟁이 바
로 그 맹신에서 나왔다는 사실을 상기해야 한다.

— 법정스님, 《인도기행》

## 역설의 현대사

• • •

라이트형제가 비행기를 발명하려고 결심한 것은 하늘을 나는 새 인간(鳥
人) 오토 릴리엔탈의 추락 사망 기사를 보고난 후였다.
꿈을 향해 목숨을 건 그런 바보들이 역사를 만들어 간다. 열정에 몸을 불
사르는 그런 미치광이들이 사회를 바꾸어 간다.

—이어령

## 대담한 발상가가 되라
● ● ●

지동설부터 달 착륙, 휴대전화에 이르기까지 인류의 발전은 통념에 대한 반란의 드라마였다. 대담한 발상가(brave thinker)가 되라.

—⟨조선일보⟩ 기획 기사

## 화내는 사람은
● ● ●

화내는 사람은 언제나 손해를 본다. 화내는 사람은 자기를 죽이고 남을 죽이며 아무도 가까이 오지 않아서 늘 외롭고 쓸쓸하다.

— 김수환 추기경

:: 화를 냈을 때 인간이 토해내는 숨을 액체 공기로 냉각시킨 침전물을 쥐에게 주사했는데 수 분 만에 죽었다. 한 사람이 1시간 동안 화를 낼 경우 80명을 죽일 정도의 독소가 발생한다. 화가 얼마나 건강에 치명적인지 굳이 설명할 필요도 없다.

365

## 9장

# 배움의 길은
# 나날이 새롭다

## 아이들은

•••

아이들은 어른의 말은 귀담아듣지 않지만 행동은 꼭 따라 한다.

— 제임스 볼드윈

## 최고의 유산

•••

부모가 자녀의 인생에 남겨 줄 수 있는 최고의 유산은 '좋은 습관'이다. 그리고 그에 못지않게 중요하고 강력한 것이 하나 더 있다면 그것은 아마도 '따뜻한 추억'일 것이다.

— 시드니 해리스(칼럼니스트)

## 아이들은 어른의 안식처

•••

아이들은 어른의 안식처다. 그리고 아내는 가장 으뜸가는 친구다.

—《상응부경전(相應部經典)》

## 외동 자녀를 둔 사람은

∙∙∙

아이를 한 명밖에 가지지 않는 사람은 한눈으로 세계를 보고 있는 것과
같다.

—《탈무드》

:: 유대 사회에서는 적어도 두 명의 자녀를 낳는 것을 의무로 여겼다.

## 어린아이와 같다가 장성한 사람이 되어서는

∙∙∙

내가 어렸을 때는 말하는 것이 어린아이와 같고, 깨닫는 것이 어린아이
와 같고, 생각하는 것이 어린아이와 같다가 장성한 사람이 되어서는 어
린아이의 일을 버렸노라.

— 〈고린도전서〉 13장 11절

## 어린이는 어른의 아버지

• • •

어린이는 어른의 아버지, 바라건대 나의 하루하루가 자연에 대한 경건한
마음으로 가득 차기를.

—워즈워드, 〈무지개〉 중에서

## 아이들의 창의력

• • •

어린아이는 하루에 300번 이상 웃는다는 연구 결과가 있다. 성인은 하루
에 15번 정도 웃는다고 한다. 그래서 그런지 아이들의 독창성과 창의력
은 어른에 비해 수백 배 높다고 한다.

— 토렌스 박사의 창의력 사고 테스트에서

## 창조적 학습원리

. . .

1. 빨리 가려면 느리게 가라. 직선은 곡선을 이길 수 없다.
2. 마음으로 물어라. 학습은 질문을 먹고 산다.

— 유영만의 창조적 학습원리 21가지 중에서

## 즐겨 배우고 깊이 생각하며

. . . .

즐겨 배우고 깊이 생각하면 마음으로 그 뜻을 안다.

好學深思 心而其意

— 사마천,《사기》오제본기

## 꿈

. . .

남들이 자는 이 시간에 잠을 자면 꿈을 꾸지만 책을 보면 그 꿈을 이룬다.

— 하버드대 도서관 게재문

## 시험에서의 1등

...

시험에서의 1등이 모든 것을 대표하는 것은 아니다. 왜냐하면 시험은 다른
사람들이 이미 해결한 문제를 해결하는 것이기 때문이다. 내가 아는 20세기
물리학, 화학 분야의 노벨상 수상자 중에서 학교에서 1등 했던 사람은 없었
고 반대로 꼴찌를 했던 사람은 몇 분 있었다. 하지만 이 사람들은 모두 '연구
주제를 고르거나 자기 일생의 가장 중요한 일을 객관적 상황에 근거해서 결
정할 줄 알았다. 그것을 실현하기 위해서 다른 것에 관심을 두지 않았다.

— 펑자오중, 1976년 노벨 물리학상 수상 소감에서

## "너희만의 길을 만들라"

...

"나는 이제 너희가 너희만의 길을 만들어 가기를 바란다."

— 영화 〈죽은 시인의 사회〉에서

:: 주인공 키팅 선생이 학생들에게 로버트 프로스트의 〈가지 않는 길〉을 낭송하면
  서 덧붙인 말이다.

370

## 대학이란

· · · ·

대학이란 한낱 학문의 장례식장에 불과하다.

— 톨스토이

## 물음표 문화

· · · ·

학교에 들어가자마자 묻는 것은 선생님 몫이고 아이들은 대답을 해야 하는 것으로 거꾸로 돼버렸다.

근대에 와서 서양 문명이 동양 문명을 제압한 가장 큰 무기는 거함 거포가 아니라 알파벳 문장의 맨 끝에 적힌 물음표였다. 우리에게는 대화 문화, 의문과 질문을 나타내는 물음표 문화가 부족했다. 오늘의 나를 있게한 것은 어렸을 때 얻은 '질문대장'이라는 별명 덕분이었다.

— 이어령

## 단기지계(斷機之戒)

• • •

맹자가 수학 도중에 귀가하자 모친이 짜던 베를 끊고 학문을 중단하는
것은 이와 같다고 훈계한 고사에서 유래되었다.

—《후한서》열녀전

## "나는 항상 자식을 가르치고 있소"

• • •

중국 진(晉)나라 사안(謝安, 중국 동진 시대의 정치가)의 아내가 이렇게 불
평을 했다.
"어떻게 당신은 자식 교육에 애쓰는 꼴을 볼 수 없죠?"
그러자 사안은 이렇게 대답했다.
"나는 항상 자식을 가르치고 있소."

—《안씨가훈(顏氏家訓)》

:: 부모의 바른 행동만큼 훌륭한 가르침이 없다는 뜻이다.

## 삶의 지혜

• • •

1. 징계 없는 교육은 없다(벌 받지 않는 인간은 교육이 되지 않는다).

2. 젊은 날의 소망은 노년에 이르러 풍요롭게 이루어진다.

3. 나무는 자라도 하늘까지는 닿지 않는다.

4. 신을 제외하고 신에 맞설 자 없다.

— 괴테의 자서전《시와 진실》의 목차

## 늙어서 배우는 것

• • •

어려서 배우는 것은 대낮에 큰 길을 가는 것과 같지만 늙어서 배우는 것은 촛불을 잡고 밤길을 걷는 것과 같다. 그래도 그나마 포기해서는 안 된다.

—《안씨가훈》

373

## 나날이 새로운 배움의 길

• • •

"나이는 하루하루 늘어 가지만 배움의 길은 나날이 새롭구나."

— 솔론

## 하루를 더 살면 하루를 더 배운다

• • •

배움에는 끝이 없다. 당신이 하루를 더 살면 하루를 더 배울 수 있다.

— 마오쩌둥

## 배우되 고루하지 말고

• • •

배우되 고루하지 말고, 젊은 후배들을 두려워해야 한다.

學而不固 後生可畏

— 《논어》

## 즐기는 공부

····

아는 것은 좋아하는 것만 못하고 좋아하는 것은 즐기는 것만 못하다.

— 《논어》

:: 공부와 관련한 역대 최고의 가르침이다.

## 젊은이들을 망치는 가장 확실한 길

····

다르게 생각하는 사람보다 똑같이 생각하는 사람을 더 존중하도록 가르치는 것은 젊은이들을 망치는 가장 확실한 길이다.

— 니체

## 옛날 사람들을 과소평가한다면

····

옛날 사람들을 과소평가하는 것은 우리 자신에게 위험하다.

— 미이클 우드, 《인도 이야기》

## 안나 카레리나 법칙

...

행복한 가정은 모두 비슷하지만 모든 불행한 가정은 제 나름대로 불행한
법이다. 즉 불행의 이유가 제각기 다르다는 것이다.

— 톨스토이,《안나 카레리나》

:: 부부로서의 성공이 인생에 있어 가장 큰 성공이다. 부부로서 성공하지 못하면
그 어떤 성공도 모래 위의 누각이나 다름없다.

## 내가 너에게 생명을 주었다

...

"내가 너에게 생명을 주었다. 이제 내가 그 생명을 거둔다."

—영화 〈대장 부리바〉에서

:: 코사크족의 영웅인 부리바(율브리너)가 적국인 폴란드 처녀와 사랑에 빠진 아
들을 처형하면서 한 말(조국의 자주권과 아들 중에서 조국을 택함)이다.

## 자식의 후환

• • •

자식의 후환은 부모가 만든다.

— 《안씨가훈》

## 효도의 으뜸

• • •

효도는 어버이를 받드는 것으로 시작하여 그 다음에는 군주(국가)를 섬기고 마지막으로 입신하는 것이다. 이름을 후세에 남겨 어버이의 이름을 드높이는 것이 효도의 으뜸이다.

— 사마천, 《사기》 태사공자서

## 형제간의 우애

• • •

형제간의 우애는 처자로 인해 멀어진다.

— 《안씨가훈》

## 인간의 행복

• • •

1. 햇빛과 흙과 동식물과 같이 생애를 보내라.
2. 일을 하라.
3. 입신출세보다 가정을 우선하라.

— 톨스토이

## 보따리 열네 개

• • •

일흔일곱이 되신 어머니는
고속버스 기사가
다시는 이렇게 싣지 말라고
지랄지랄 하더라면서
화가 나셨다
보따리 열네 개를 들고 오신 날

어머니 상경하실 때는
아들 주시려고
동치미 국물과 김치와 깻잎과 무를 가져오시고

귀향하실 때는
집에 있는 개 주신다고
생선뼈와 고기 찌꺼기를 담은
비닐봉지를 가져가신다

— 서홍관, 〈보따리 열네 개〉

## 믿음이 없이는

⋯

믿음이 없는 곳에는 사랑이 머물 수가 없다.

— 그리스 신화에서 에로스가 프시케를 떠나면서 남긴 말

## 그저 아름다운 한 여자이길

...

"나는 사람들에게 부끄럽지 않은 사람으로 기억되기를 바랍니다. 그러나 내가 사랑받던 사람에게는 그저 아름다운 한 여자로 기억되고 싶습니다."

—그레이스 켈리

## 내가 정말로 필요했던 것

...

"나는 평생 화려한 보석에 둘러싸여 살아왔어요. 하지만 내가 정말로 필요했던 건 그런 게 아니었어요. 누군가의 진실한 마음과 사랑 그것뿐이었죠."

—엘리자베스 테일러

## 섹시함이란

...

섹시함이란 실제 당신이 갖고 있는 50퍼센트, 그리고 남들이 당신에게 있다고 생각하는 50%다.

—소피아 로렌

## 여자의 마음

...

"여자의 마음은 비밀의 바다."

— 영화 〈타이타닉〉에서 주인공의 마지막 대사

## 사랑다운 사랑을 해보지 못했다면

...

"한 번도 사랑다운 사랑을 해보지 못한 사람들은 모를 거예요. 내가 불륜을 저지르는 게 아니라 사랑을 하고 있다는 것을."

— 잉그리드 버그만

## 절망의 늪에서 나를 구해준 것

•••

"절망의 늪에서 나를 구해준 것은 많은 사람들의 사랑이었습니다. 이제
내가 그들을 사랑할 차례입니다."

—오드리 헵번

## 사랑은

•••

사랑은 서로를 마주 보는 게 아니라 같은 방향을 바라보는 것이다.

— 생텍쥐페리

## 의심과 사랑

•••

"의심이 자리 잡은 마음에는 사랑이 깃들지 못해요."

— 에로스가 프시케에게

## 이익과 명성을 얻으려면

....

이익을 따지려면 천하에 이익이 될지를 따지는 것이 마땅하고, 명성을
구하려면 만세토록 남을 명예를 구해야 한다.

—위유런(于右任), 장징궈(蔣經國)에게 써준 글귀

## 성적 욕망에 관하여

....

섹스에 있어서 어려운 문제는 바로 그것을 만족시켜도 물리치기는커녕
그 반대로 더욱 흥분이 고조된다는 점이다. 그래서 섹스는 하면 할수록
더 하고 싶어진다. 신체 기관에 필요한 양의 수분을 공급하면 저절로 없
어지는 자연적인 목마름과 만족시켜 주면 줄수록 점점 더 심해지는 술꾼
의 병적인 목마름을 비교해 보라. 그러나 일단 만족을 얻으면 오랫동안
진정되는 정상적인 성적 욕망이라는 것이 과연 있을까? 나는 그렇게 생
각지 않는다.

— 미셸 투르니에,《짧은 글 긴 침묵》

## 비움으로써 채운다

● ● ●

사랑이라는 그릇은 무엇을 넣음으로써 채우는 것이 아니라 비움으로써
채우는 것이다.
사랑이 남아 있다면 영원한 이별보다 큰 벌은 없다.

— 이윤기, 《그리스 로마 신화》

## 아이디어를 나누라

● ● ●

두 사람이 사과 한 개씩을 가지고 있다가 서로 교환하면 각자는 한 개의
사과를 가지고 있는 셈이다. 하지만 두 사람이 아이디어를 하나씩 가지
고 있다가 서로 교환하면 그들은 아이디어를 각각 두 개씩 갖는 것이다.

— 조지 버나드 쇼

:: 지금 우리에게 필요한 것은 이런 아이디어와 지혜를 나누는 것이다.

## 무대공포증을 없애려면

∙∙∙

무대공포증을 없애는 가장 좋은 방법은 바로 무대 위에 오르는 것이다.
의심과 우려, 긴장과 공포증을 극복(없애는)하는 가장 좋은 방법은 행동
이다. 행동함으로써 근심과 걱정은 사라지고 자신감은 더욱 강해진다.

— 저자 메모

## 나를 알아주는 친구

∙∙∙

바른 뜻을 품었어도 나를 알아주는 친구는 없네. 백락(伯樂)이 이미 죽었
으니 준마의 능력을 누가 알아줄까?

— 굴원

친구

• • •

머리가 허옇게 될 때까지 만났는데도 여전히 낯선 사람이 있고, 비가 와
서 잠깐 처마 밑에서 비를 피하면서 우산을 함께 썼을 뿐인데도 오래 사
귄 친구처럼 느껴진다.

— 사마천,《사기》노중련추양열전

거과복통(車過腹痛)

• • •

죽은 뒤 무덤을 지나면서 술과 안주를 가져다 제사를 올려주지 않으면
수레가 세 걸음도 가지 않아 배가 아프게 될 것이라는 농담을 할 정도로
친한 친구들을 이르는 말.

— 나관중,《삼국지연의》

## 지혜로운 해결책

∙ ∙ ∙

당장 해결하기 어려운 문제는 우선 하룻밤 푹 자고 나서 다음날 다시 생각해 보는 것이 좋다. 해결하기 어려운 문제일수록 조급히 해결해 버리려고 서두르지 말고 한걸음 물러서서 조용히 이모저모를 살펴보는 것이 지혜로운 해결책이 될 것이다. 사람의 머리로는 해결할 수 없는 문제를 시간이 가끔 해결해 주는 수가 있다.

## 현명한 사람을 보면

∙ ∙ ∙

현명한 사람을 보면 그와 같아질 것을 생각하고, 현명하지 못한 사람을 보면 속으로 스스로 반성한다.

— 《논어》 이인편

## 멋

. . .

하늘과 사람 사이에 서로 통하는 것이 멋(風流)이다. 하늘에 통하지 않은
멋은 있을 수 없다. 만일 있다면 그야말로 설 멋(틀린 멋)이란 게다.

— 김범부, 《화랑외사》에서 물계자(勿稽子, 신라 10대 내해왕 때의 장군)의 말

## 선뜻 내어주는 것이 멋이다

. . .

폐포파립(敝袍破笠)을 걸치더라도 행운유수(行雲流水)와 같으면 곧 멋이
다. 멋은 허심하고 관대하며 여백의 미가 있다. 받는 것이 멋이 아니라 선
뜻 내어주는 것이 멋이다.

— 피천득, 《인연》중에서

## 여행지에서의 생각의 실타래

• • •

지평선 위로 붉은 해가 넘어간 뒤 노을빛은 참으로 장관이었다. 그것은
장엄한 침묵의 세계이기도 했다. 삶의 끝이 그런 노을이라면 죽음도 아
름다울 것 같았다.

수평선에서 떠오르는 일출을 기대하면서 가슴을 치는 파도 소리에 밤을
뒤척이면서 사람이 산다는 것은 무엇이며, 죽음은 또한 우리에게 어떤
의미를 기리는 것인지 생각의 실타래를 풀었다 감았다 했다.

## 자식을 사랑한다면

• • •

자식을 사랑한다면 여행을 보내라.

— 일본 속담

## 시대의 흐름에 맞춰 살라

● ● ●

주위 사람이 어리석다고 한탄하지 말고 자신도 머리 숙인 체하며 사는 것이 현명한 태도다. 중요한 것은 시대의 흐름에 맞추어서 살아가는 일이다.

— 발타자르 그라시안

## 만 권의 책, 만 리의 여행

● ● ●

만 권의 책을 읽고 만 리 길을 여행하라.

讀萬卷書 行萬里路

— 중국 속담

:: 진정한 공부는 책상에만 붙어 있어서는 안 된다.

## 김이 빠져나간 후에 길을 떠나면

...

미적미적 미루다가 김이 빠져나간 후에 길을 떠나면 그 신선감이 소멸되고 만다.

—법정스님

## 여행하는 자

...

**여행하는 자가 승리한다.**

— 서양 속담

:: 우키요예(浮世繪, 18~19세기 일본에서 유행한 판화, 또는 그러한 경향의 회화)라는 상업적인 풍속화를 예술의 절정으로 이끈 일본 에도 시대의 천재 화가 호쿠사이 가츠시카(葛飾北斎)의 아호 중 하나는 불량거(不粱居)였는데, '있는 곳에서 물들지 말라'는 의미다.

## 진정한 여행의 시작

• • •

어느 길로 가야 하는지 더 이상 알 수 없을 때 그때가 비로소 진정한 여
행의 시작이다.

— 나짐 히크메트(터키의 혁명적 서정시인이자 극작가), 〈진정한 여행〉 중

## 나의 인생은

• • •

"나의 인생은 여행과 꿈으로 이루어져 있다."

— 니코스 카잔차키스

## 여행하지 않는 자

• • •

세계는 한 권의 책이다. 여행하지 않는 자는 그 책의 단지 한 페이지만을
읽을 뿐이다.

— 성 아우구스티누스

## 나폴리의 볼거리

● ● ●

1. 티베리우스 황제가 로마를 떠나 봉화로 제국을 통치했던 카프리 섬.

2. 고대 그리스의 신도시 나폴리의 발상지인 메가리데 섬.

3. 1000년의 삶이 오늘까지 그대로 이어지고 있는 프로치다 섬.

4. 가난한 남부 이탈리아인들이 신대륙으로 가기 위해 모여든 산타루치 아 항.

5. 2000년 전 화산 폭발로 폼페이와 함께 묻혔다가 발굴된 부자 마을 에 라 콜라노.

6. 나폴리 왕국의 누오보 성.

7. 활화산 베수비오 산.

8. 밤이면 젊음이 넘치는 단테 광장, 장원에서 벌어지는 밤의 음악회, 배 가 고픈 것을 행복하게 느끼게 하는 참으로 맛있는 나폴리 피자.

9. 로마의 다른 옛 도시 푸테올리(지금의 포추올리).

10. 주변의 폼페이, 아름다운 해안 도시 소렌토 등.

393

## 여행을 통해 얻는 참된 발견

....

여행을 통해 얻는 참된 발견은 새로운 볼거리가 아니라 사물을 보는 새로운 시각이다.

— 마르셀 프루스트

## 해외여행에서 얻는 가장 중요한 체험

....

그런 차이점은 결국 (남자와 여자 사이에) 소통의 통로를 얻게 되고 상대방을 서로 배려하는 더 큰 공감의식을 만드는 계기가 될 수 있다. 지역 주민과 아무렇지도 않게 나눈 대화와 짧지만 함께 지낸 시간을 통해 공감적 유대감을 만들어내는 것은 나그네가 해외여행에서 얻을 수 있는 가장 중요한 체험이다.

— 제러미 리프킨,《공감의 시대》

## 여행은 최상의 고독

····

여행은 최상의 고독을 허용한다. 진짜 모험은 육체적 위험과 관계 있는 것이 아니고 지식의 습득과 관계 있다.

—로버트 카플란,《지중해 오디세이》

## 새벽의 조촐한 복

····

차가운 개울물 소리에 실려 어김없이 쏙독새가 쏙독쏙독 하고 집 뒤에서 한참을 울어낸다. 달밤이나 새벽에 많이 우는 쏙독새를 일명 '머슴새'라 고도 하는데 부지런한 이 새의 생태를 봐서 잘 어울리는 이름이다.

이윽고 휘파람 소리로 4박자로 우는 검은등뻐꾸기와 이에 장단이라도 맞추듯 웅웅웅 하고 벙어리 뻐꾸기가 새벽을 밝히고 있다. 이와 같은 자 연의 소리는 메말라가며 굳게 닫힌 우리들의 마음을 활짝 열게 한다. 새 벽에 일찍 깨어난 사람들이 누릴 수 있는 조촐한 복이 아닐 수 없다.

— 법정스님,〈새벽에 귀를 기울여라〉

## 자연의 변화에 순응하며 사라지리니

...

돌아가리라.
사귀는 일 멈추고 내왕도 딱 끊으리라.
세속이 나와는 어긋나는데
다시 나아가서 무엇을 더 얻으리오.
친척들과 정다운 말 기꺼이 나누고
거문고와 글로써 시름을 푸네.
(중략)
때를 만난 만물이 부럽고
끝이 가까워진 한평생이 서럽구나.
(중략)
부귀는 내 소원이 아니요,
조정은 내 바라는 바 아니라네.
좋은 날을 아끼면서 홀로 노닐고
지팡이에 의지하고 김을 매네.

동쪽 언덕에 올라 노래 부르며 쉬고
맑은 물을 마주한 채 시도 읊노라.
한갓 자연의 변화에 순응하며 변화하여 사라지리니
천명의 순종함을 낙으로 삼을 뿐 의심할 것 무엇이랴.

— 도연명, 〈귀거래사〉 중에서

## 우리가 사는 곳도 새로운 세계

• • •

"꼭 멀리 가야만 새로운 세계를 만나게 되는 건 아니야. 우리가 사는 곳
도 생각에 따라서는 얼마든지 새로운 세계가 될 수 있어."

—《라퐁텐 우화》중 〈비둘기 형제〉

## 그대는 아는가

• • •

그대는 아는가, 레몬 꽃 피는 나라를, 짙은 잎새 사이로 황금빛 오렌지가
빛나고 파란 하늘에서 부드러운 바람이 불어오는 곳, 뮈르테 나무가 조
용히 서 있고 키 큰 월계수나무가 한껏 뽐내며 서 있는 그 나라를! 오 그
곳으로 가고 싶어요. 사랑하는 그대여. 당신과 함께.

— 괴테, 《빌헬름 마이스터의 수업시대》 중 미뇽의 노래

## 모든 산봉우리마다

• • •

모든 산봉우리마다 휴식이 있고 모든 나뭇가지에서 한줄기 숨결조차 느
끼지 못하네. 작은 새들도 숲속에서 잠잠하네. 기다리게나, 머지않아 그
대 또한 쉬게 되리니.

— 괴테, 〈나그네의 밤노래(Wanderer Nachtlied)〉 중에서

## 자연의 법칙

. . .

자연의 법칙을 위반하는 자가 있으면 그 자연의 법칙이 그를 위반한다.

―《우파니샤드》(아리안족 경전)

## 환경과 경제

. . .

환경과 경제가 함께 간다. 환경을 개선하면 수익이 발생하는 시대가 도
래했다.

― 제프리 이멜트(GE CEO)

## 자연의 운행에는

. . .

자연의 운행에는 굴러간 자국이 없다.

―《도덕경》

## 장엄한 노을

• • •

인도양의 진주로 불리는 스리랑카의 티크나무 숲에서 붉게 붉게 타오르
던 그때의 노을보다 더 장엄한 노을을 나는 아직 만나지 못했다.

— 법정스님, 〈내가 사랑하는 생활〉 중에서

:: 나 역시 스리랑카 여정에서 같은 경험을 했다.

## 모두가 자연 그대로다

• • •

산당의 조용한 밤, 말없이 앉았으니
적적하고 고요하여 모두가 자연 그대로다.
어찌 된 일인지 서쪽 바람에 임야(숲)가 움직이더니
외기러기가 높은 하늘에서 구슬피 우는구나.

— 야보(冶父)선사, 《금강경오가해(金剛經五家解)》

## 기독교의 자연관

● ● ●

자연을 정복의 대상으로 본 것이 바로 기독교 사상이다. 기독교의 정복 사상에 기반을 둔 유럽의 역사가 끝없는 정복과 착취와 힘과 진압의 역사였다는 사실은 낱낱이 증명할 필요도 없다.

즉 기독교의 성서인 〈창세기〉에서 하느님은 자기가 만들어낸 남자와 여자에게 복을 내리시면서 이렇게 말한다.

"자식을 낳고 번성하여 온 땅에 퍼져서 땅을 정복하라. 바다의 고기와 공중의 새와 땅위를 돌아다니는 모든 짐승을 부려라."

여기서 말한 땅은 바로 자연이다. 그러나 자연은 정복의 대상이 아니며 정복의 대상이 될 수도 없다.

―법정스님, 〈텅 빈 충만〉

## 꽃은 핀다

• • •

바람은 자도 꽃은 핀다.

— 휴정스님


## 찔레꽃이 피고 뻐꾸기가 울면

• • •

찔레꽃이 구름처럼 피어오르고 뻐꾸기가 자지러지게 울 때면 날이 가
문다.

— 법정스님


## 산 첩첩 물 겹겹

• • •

산 첩첩 물 겹겹 길 없는 듯싶더니
버드나무 짙푸르고 꽃잎 화사한 곳에 또 마을 하나가 있네.

— 육유(陸游, 중국 남송 시대 시인)

## 지구 온난화의 진실

...

지구가 더워지고 있는 것은 사실이다. 그러나 지구 도처에서 발견되는 과학적 증거들은 인간의 활동에 의해 배출되는 이산화탄소가 지구 온난화에 미치는 영향은 미미하다는 것을 말하고 있다. 지금의 온난화 현상은 적어도 백만 년 전부터 1500년 주기를 가지고 나타나는 자연적 기후 변동 현상의 한부분이다. 이 기후 주기는 너무나 길고 완만해서 기온을 측정할 만한 기구를 가지지 않았던 선사시대 사람들이 역사적 증언으로나마 남길 수 없었다. 하지만 기후 변동을 보여주는 역사적 기록은 존재한다. 지구는 끊임없이 더워지고 식는다. 그리고 빙하는 늘어나고 줄어든다. 사람들은 빙하가 줄어들 때를 걱정하고 있지만 사실 우리는 빙하가 늘어날 때 치명적으로 어려움을 겪는다.

— 프레드 싱거 · 데니스 에이버리, 《지구 온난화에 속지 마라》

## 진정한 즐거움은 한가한 삶에

•••

나의 밭이 비록 넓지 않아도 한 배 채우기에 넉넉하고
나의 집이 비록 좁고 누추하여도 이 한몸은 항상 편안하다네.
밝은 창에 아침햇살 떠오르면 베개에 기대어 고서를 읽는다네.
술이 있어 스스로 따라 마시니 영고성쇠는 나와 무관하다네.
내가 무료하리라 생각지 말게나. 진정한 즐거움은 한가한 삶에 있다네.

我田雖不饒　一飽則有餘

我廬雖阿陋　一身常晏餘

晴窓朝日昇　依枕看古書

有酒吾自斟　榮悴不關予

勿謂我無聊　眞樂在閑居

—사재 김정국, 기묘사화에 연좌되어 시골집에 묻히면서

## 자연과 질병

• • •

인간은 자연으로부터 멀어질수록 질병에 가까워진다.

— 괴테

## 산수의 아름다음에 취하다

• • •

술에 취하지 않고 산수의 아름다움에 취한다.

— 구양수, 〈취옹정기〉

## 비로봉에서

• • •

천하의 도성은 개미집이요, 고금의 호걸들도 초파리어라.

창에 가득한 달빛 보고 누웠으니 끝없는 솔바람 소리 고르지 않네.

— 서산대사, 비로봉에 올라 읊은 시

## 저 아득한 물안개

• • •

저 아득한 물안개 천 리로 떨어지고
부평초 향기는 동풍에 흩날린다.
해질 무렵 물가에 서서 바라볼 때
부드러운 저 봄 강물처럼 이어진다.

杳杳烟波隔千里
白蘋香散東風起
日落汀洲一望時
柔情不斷如春水

— 구준, 〈강남춘(江南春)〉

## 청향은 잔에 지고

• • •

갓 괴여 닉은 술을
갈건으로 밧타 노코

곳나모 가지 것거 수 노코 먹으리라.
화풍이 건듯 부러 녹수를 건너오니
청향은 잔에 지고
낙홍은 옷새 진다.

— 정극인, 〈상춘곡〉 중에서

## 만두라 마을의 장대한 낙조

...

북호주 퍼스에서 두 시간 가까이 차를 달리면 바닷가 마을 만두라 (Mandurah)가 나온다. 붉은 기와지붕에 하얀색의 벽이 있는 스페인 풍의 집들이 아름다움을 더해주는 이곳에서 나는 아직껏 한 번도 본 일이 없었던 장대한 낙조를 만났다. 그것은 장대하다고밖에 표현할 수 없는 그림과 같은 장엄한 황혼이었다. 마치 모든 신비를 한곳에 모은 듯 그 낙조는 표현하기 어려운 다양한 빛을 푸른 하늘에 흩뿌리고 있었다. 문득 어릴 때 무심코 스쳤던 서해안의 낙조가 되살아난다.

김영수, 《내가 본 아름다운 마을들》

## 한바탕 울어봄직 하지 아니한가?

••••

지금 요동벌에서 산해관까지 1,200리 길, 사방에는 모두 한 점의 산도 없이 하늘 끝과 땅 끝은 마치 풀로 붙이고, 실로 꿰매놓은 것만 같아 옛날의 비, 지금의 구름이 오직 푸르고 푸를 뿐이니 한바탕 울어봄직 하지 아니한가?

— 박지원, 《열하일기》 중에서

:: 1939년 경성제대 대륙문화연구회에서 열하 일대를 탐사하고 펴낸 〈북경, 열하의 사적 관견〉에서 결론 대신 인용한 글이다. 박지원은 자신의 처지가 얼마나 어둡고 막막했으면 탁 트인 요동벌을 바라보며 "한바탕 울만 하구나"라고 말했을까?

## 태산과 강과 바다

••••

태산은 단 한 줌의 흙도 마다하지 않고, 강과 바다는 자잘한 물줄기도 가리지 않는다.

— 사마천, 《사기》 이사열전

## 새가 소리 내는 이유

새는 기뻐서 노래 부르지도 않고 슬퍼서 울지도 않는다. 새는 자신의 위치를 알리기 위해서, 새 짝을 찾기 위해서, 건강을 위해서 소리를 낸다.

— 앤드류 베이커(조류학자)

## 매미 소리 시끄러우니

매미 소리 시끄러우니 숲은 더욱 고요하고
산새 우는 소리에 산은 더욱 그윽하다.

— 왕적의 〈입약야계(入若耶溪)〉 중에서

## 천재성을 발휘한 곳

작품에는 재능만 쏟았을 뿐 천재성은 생활에 쏟았다.

— 오스카 와일드

409

## 흙에 묻혀 사는 사람들

. . .

흙에 묻혀 사는 사람들은 아등바등 시간에 쫓기지 않는다. 무한한 인내
력 없이는 대지를 경작할 수가 없기 때문이다.

— 저자 메모

## 음식 맛 비교

. . .

음식이란 자기가 익숙해져 있는 것이 맛있는 법이다. 그러므로 외국에
나가 외국 음식과 자기 나라 음식 맛을 비교하는 것은 쓸데없는 짓이다.

— 박제가

## 식욕 없이 먹는 음식

• • •

식욕 없이 먹는 음식은 독으로 변한다.

— 안현필

:: 안현필은 《삼위일체 영어》의 저자이자 삼위일체 건강법 주창자이다.

## 인류가 발견한 불로장수 약

• • •

인류가 그렇게 죽을 고생을 하면서 발견한 불로장수 약이 바로 흔한 대
두와 생선의 단백질이다. 그래서 인생의 가장 소중한 것은 인간이 생각
하기에 가장 값싸고 가장 천하고 가장 가까운 곳에 숨어 있다.

— 안현필

## 건강을 해치는 가장 큰 원인

• • •

건강을 해치는 가장 큰 원인은 남을 의식하는 데서 쌓이는 스트레스인
것 같다.

— 윤형두


## 달고 기름진 음식

• • •

하얀 치아와 고운 눈썹의 미인은 생명을 해치는 도끼이고, 달고 기름진
음식은 장부를 썩게 하는 독이다.

— 소동파


## 하루 15초만 웃어도

• • •

하루 15초만 웃어도 수명을 이틀 연장할 수 있다고 한다. 그것도 건강하
게 말이다.

## 배부르기 전에 수저를 거두어라

●●●

**채식이 팔진(八珍) 요리보다 낫다. 배부르기 전에 수저를 거두어라.**

未飽先止

— 소동파

:: 소동파는 이 구절을 벽에 써놓고 스스로 경계했다.

## 건륭제의 양생법

●●●

**낙타의 육봉과 곰 발바닥이 콩국과 토란 줄기만 못하다.**

— 건륭제

:: 중국 황제 중 가장 장수(89세)한 건륭제는 음식은 신선한 야채를 주로 하고 고
기류와 사냥물은 비교적 적게 먹었다. 지나치게 배부를 정도로 먹지 않았고 담
배나 술에 욕심을 내지도 않았다.

## 101세 한의사의 건강 비법

• • •

마음을 편안하게 하고, 남의 허물을 잊고 용서하며, 소식하고 운동하라.

:: 평균수명은 나와 무관하다. 그런데도 평균수명을 생각하면서 해야 할 일과 즐
   길 일을 미룬다. 나이 들어 궁핍하고 건강하지 않으면 재앙이다.

## 생명의 양식이 되려면

• • •

백미는 물에 담가두면 썩어버리나 현미로부터는 싹이 솟아나와 싱싱하
게 자란다. 생명이 없는 먹이는 생명의 양식이 될 수 없다.

## 음식물이 의사다

• • •

음식물을 당신의 의사 또는 약으로 삼으시오. 음식물로 고치지 못하는
병은 의사도 고치지 못하오.

— 히포크라테스

414

## 세계 제일의 장수약

• • •

세계 제일의 장수약은 굶는 것이다. 그 다음의 장수약은 하느님이 주신
식품을 가공하지 않고 그대로 먹는 것이다.

— 안현필

## 노자의 음식지도(飮食之道)

• • •

1. 오미(五味, 맛깔스러운 음식과 각종 조미료를 써서 만든 음식)가 사람의
   입맛을 버린다.
2. 맛이 없음을 맛있게 여긴다(味無味).
   — 맛이 없는 곳에서 음식의 맛을 음미해 낸다(소찬과 숭늉).
   — 맛보되 맛보지 않는다.
3. 먹던 음식을 달게 여긴다(甘其食).

# 호모 비아토르의 독서노트

초판 1쇄 인쇄 2015년 11월 24일 | 초판 1쇄 발행 2015년 11월 30일

지은이 이석연
펴낸이 김영진

본부장 조은희 | 사업실장 김경수
책임편집 차재호
디자인 팀장 신유리 | 디자인 당승근
영업 이용복, 방성훈, 정유, 류다현

펴낸곳 (주)미래엔 | 등록 1950년 11월 1일(제16-67호)
주소 137-905 서울시 서초구 신반포로 321
미래엔 고객센터 1800-8890
팩스 (02)541-8249 | 이메일 bookfolio@mirae-n.com

ISBN 978-89-378-2219-3 03300

「이 도서의 국립중앙도서관 출판시도서목록(CIP)은 서지정보유통지원시스템 홈페이지(http://seoji.nl.go.kr)와
국가자료공동목록시스템(http://www.nl.go.kr/kolisnet)에서 이용하실 수 있습니다.
(CIP제어번호: CIP2015031060)」